성경과
맞춤법

BIBLE
and
SPELLING

성경과 맞춤법

강승남 지음

바른북스

머리말

✝

성경이 우리나라에 처음 번역된 것은 고종 때인 1882년이었다. 이때 번역된 최초의 성경이 〈예수셩교 누가복음 젼셔〉라는 낱권 복음서였다. 이후 여러 형태의 낱권 번역이 이어지다 1911년에 이르러서야 성경 전체의 완역이 이루어진다. 초창기의 성경 번역은 지금의 기준으로 보면 표기나 띄어쓰기의 미비는 물론 대부분 세로쓰기로 되어 있는 등 아직은 근대적인 수준에 많이 미흡한 형태였다. 이때는 맞춤법의 개념도 없었으므로 표기의 통일성도 갖추지 못하였었다.

한글 맞춤법 통일안이 처음 제정 공포된 것은 1933년 조선어학회에 의해서였다. 이후 부분적인 수정 보완이 계속되다 1988년 1월 19일에 〈표준어 규정〉과 함께 〈한글 맞춤법〉이 문교부 고시 제88-1호로 고시되었으며, 1989년 3월 1일부터는 이 새로운 맞춤법이 시행되기에 이르렀다. 그 이후도 여러 차례 수정 보완을 거쳐 2017년에 문화체육관광부고시 제2017-12호로 시행되기까지 이르렀다.

한글 맞춤법이 제정 고시됨에 따라 성경도 그에 맞춰 수정을 거듭하였다. 그러나 여러 가지 사정상 맞춤법이나 표준어의 반영이 여러 면에서 미흡하였다. 1998년에 나온 〈개역개정〉 판 성경은 그 나름대로 한글 맞춤법과 새 표준어 규정을 적극 반영하였고, 그 외 여러 가지 사회적 기준도 충족시키려 노력하였다. 그럼에도 불구하고 성경을 읽다 보면 아직도 맞춤법이나 표준어 규정에 맞지 않거나 비논리적인 문장들이 여전히 눈에 많이 띈다.

성경은 정확 무오 한 하나님의 말씀임을 믿는다. 그러니만큼 번역이나 출판 과정에서 맞춤법이나 표기상의 오류가 생기지 않도록 세밀하게 유의해야 할 것이다. 필자가 그동안 성경을 읽으면서 발견한 표기상의 오류들을 정리해 보았더니 생각보다 그 수가 꽤 많았다. 그에 대해 틈나는 대로 맞춤법과 표준어 규정 및 국어 문법에 따라 검토하여 고치고 다

들어 보았다. 그러나 그 작업의 범위는 어디까지나 맞춤법이나 표준어, 기타 국어학적인 영역에 한하고, 성경의 내용적인 측면이나 신학적 영역에 대해서는 다룰 수도 없었고, 다루지도 않았다.

작업의 대상으로 삼은 성경은 〈개역 개정〉 4판이다. 그리고 비교를 위해서 〈공동번역〉, 〈표준새번역〉, 〈New International Version〉, 〈King James Version〉 등을 참고하였고, 〈다번역성경찬송〉, 〈GODpia〉 등의 애플리케이션의 도움을 많이 받았다. 작업하다 보니 〈개역 개정〉 4판에는 잘못 표기되었으나 가장 최근에 나온 〈개역 개정〉에서는 일부 수정된 것들도 있었다. 그러나 아직 대부분의 교인들은 수정되기 전의 성경을 가지고 있을 것으로 생각되어, 최근 판에서 수정 반영된 것도 이 책에서 다루었다.

성경을 읽으면서 늘 하나님께 말씀을 듣고 그분과 대화하는 것은 참 행복한 일이다. 성경의 표기법 오류를 바로잡는 일들이 행복한 성경 읽기에 조금이라도 도움이 되어 주기를 바란다.

모든 성경은 하나님의 감동으로 된 것으로 교훈과 책망과 바르게 함과 의로 교육하기에 유익하니

이는 하나님의 사람으로 온전하게 하며 모든 선한 일을 행할 능력을 갖추게 하려 함이라

- 디모데후서 3장 16-17절

사도 바울이 디모데에게 일러 준 이 말씀으로 머리말을 맺는다. 여러 가지로 부족한 부분에 대해 많은 가르침을 바란다.

2024년 12월 지은이 씀

목차

1부

개역 개정 성경의 표기 오류

Ⅰ. 단어 차원의 오류

II. 문장 차원의 오류 및 기타

2부

우리말의 어처구니

구름 한 점 없이 맑은 하늘
눈부신 태양
아침 바다에 비치면
수천 수만의 보석으로
반짝이는 저 빛의 향연

당신의 말씀 내게 오실 때에도
내 마음 일렁이는 물결마다
햇빛으로 피어나는 기쁨
사랑과 은혜의 윤슬

그 빛나는 은혜의 바다
고요한 당신의 눈빛 같은
그 넓은 바다 위로
작은 조각배 하나로 노 저어 가는
나는 당신의 복된 백성

– 강승남 시, 「윤슬」

| 1부 |

개역 개정 성경의 표기 오류

Ⅰ.

단어 차원의 오류

▶ 우리나라 최초의 번역 성경(대한성서공회 사진)

'귓부리'가 아니라 '귓불'이다

■ **관련 구절**

출애굽기와 레위기에는 총 7회 '귓부리'라는 단어가 나온다.

✣ 출애굽기 29:20

너는 그 숫양을 잡고 그것의 피를 가져다가 아론의 오른쪽 귓부리와 그의 아들들의 오른쪽 귓부리에 바르고 그 오른손 엄지와 오른발 엄지에 바르고 그 피를 제단 주위에 뿌리고

✣ 레위기 8:23

모세가 잡고 그 피를 가져다가 아론의 오른쪽 귓부리와 그의 오른쪽 엄지 손가락과 그의 오른쪽 엄지 발가락에 바르고

✣ 레위기 8:24

아론의 아들들을 데려다가 모세가 그 오른쪽 귓부리와 그들의 손의 오른쪽 엄지 손가락과 그들의 발의 오른쪽 엄지 발가락에 그 피를 바르고 또 모세가 그 피를 제단 사방에 뿌리고

✣ 레위기 14:14

제사장은 그 속건제물의 피를 취하여 정결함을 받을 자의 오른쪽 귓부리와 오른쪽 엄지 손가락과 오른쪽 엄지 발가락에 바를 것이요

✣ 레위기 14:17

손에 남은 기름은 제사장이 정결함을 받을 자의 오른쪽 귓부리와 오른쪽 엄지 손가락과 오른쪽 엄지 발가락 곧 속건제물의 피 위에 바를 것이며

✣ 레위기 14:25

속건제의 어린 양을 잡아서 제사장은 그 속건제물의 피를 가져다가 정결함을 받을 자의 오른쪽 귓부리와 오른쪽 엄지 손가락과 오른쪽 엄지 발가락에 바를 것이요

✣ 레위기 14:28

그 손의 기름은 제사장이 정결함을 받을 자의 오른쪽 귓부리와 오른쪽 엄지 손가락과 오른쪽 엄지 발가락 곧 속건제물의 피를 바른 곳에 바를 것이며

■ 검토 및 수정

위 구절들의 '귓부리'는 '귓불'이라고 써야 한다. 국어사전에 따르면 '귓바퀴의 아래쪽에 붙어 있는 살'은 '귓불'이라고 되어 있고, 같은 뜻으로 '귓밥'이라고 쓸 수도 있지만, '귓부리'라는 단어는 표준어에는 아예 없다. 강원도 지방 등 일부 지방에서만 '귓불'의 사투리로 '귓부리'라는 말을 쓰고 있는 것 같다. 위의 구절에 나온 '귓부리'는 표준말로 '귓불' 또는 '귓밥'으로 써야 옳다.

이에 따라 위 구절 중 출애굽기 29장 20절은 다음처럼 수정해야 할 것이다. (레위기 역시 같은 방식으로 수정해야 할 것이다.)

⇨ 너는 그 숫양을 잡고 그것의 피를 가져다가 아론의 오른쪽 귓불과 그의 아들들의 오른쪽 귓불에 바르고

'갑절'과 '곱절'의 차이

■ 관련 구절

✣ 누가복음 19:8

삭개오가 서서 주께 여짜오되 주여 보시옵소서 내 소유의 절반을 가난한 자들에게 주겠사오며 만일 누구의 것을 속여 빼앗은 일이 있으면 네 갑절이나 갚겠나이다

■ 검토 및 수정

'갑절'과 '곱절'은 뜻이 좀 다르다.

'갑절'은 '어떤 수나 양을 두 번 합한 만큼'의 뜻으로만 한정해서 쓰고, '일정한 수나 양이 그 수만큼 거듭됨을 이르는 말'은 '곱절'이다. 그러니까 '곱절'은 두 곱절, 세 곱절, 네 곱절 등으로 쓸 수 있지만, '갑절'은 두 배에 한해서만 쓰는 단어

다. 곱절은 줄여서 곱이라고도 쓴다. 두 곱, 세 곱, 네 곱 등.

따라서 누가복음 19장 8절의 '네 갑절'은 '네 곱절'이나 준말인 '네 곱', 또는 같은 뜻의 '네 배'로 써야 한다.

⇨ 삭개오가 서서 주께 여짜오되 주여 보시옵소서 내 소유의 절반을 가난한 자들에게 주겠사오며 만일 누구의 것을 속여 빼앗은 일이 있으면 네 곱절이나(네 배나) 갚겠나이다

■ 〈참고〉 보상과 배상

'보상(報償)'은 국가 또는 공공 단체가 적법한 행위에 의하여 국민이나 주민에게 가한 재산상의 손해나 손실을 보충하기 위하여 제공하는 대가(對價)이며, '배상(賠償)'은 불법적 행위로 끼친 손해나 손실을 물어주는 것으로, 이 둘은 일단 적법성의 유무로 구별된다. 누가복음 19장에서 삭개오는 '만일 누구의 것을 속여 빼앗은 일이 있으면 네 배나 갚겠다고 했는데, 이런 경우는 남을 속인 것 자체가 불법적 행위이므로 보상이 아니라 배상이 될 것이다.

그런데 삭개오가 말한 네 배 배상은 적절한 것일까? 이에

대한 조문이 출애굽기와 레위기에 있다. 출애굽기에 따르면 도둑질의 경우 상황에 따라 두 배에서 다섯 배를 배상하는 것으로 되어 있다. (출애굽기 22장 1절–15절 참조.) 반면 레위기에는 속이거나 도둑질한 경우 본래 물건에 오분의 일을 더하여 돌려보내고 속건제를 드리라고 되어 있어 출애굽기와 많은 차이를 보인다. (레위기 6장 1–7절 참조.)

우리나라의 경우 징벌적 손해 배상에 해당하는 경우는 최고 다섯 배까지도 배상하게 되어 있으며, 남의 것을 속여 빼앗는 사기나 편취는 형사 처벌까지도 받게 되어 있다. 이렇게 본다면 삭개오의 네 배 배상은 대단하긴 해도 지나칠 정도로 과한 정도는 아니라고 생각된다.

'인'은 '박히는' 것이 아니다

■ 관련 구절

✣ 디모데전서 3:8

이와 같이 집사들도 정중하고 일구이언을 하지 아니하고 술에 인박히지 아니하고 더러운 이를 탐하지 아니하고

■ 검토 및 수정

일반적으로 '박이다'와 '박히다'를 혼동하여 쓰는 일이 많다. 국어사전에는 '박이다'를 다음과 같이 풀이하고 있다.

박이다

1. 버릇, 생각, 태도 따위가 깊이 배다.
2. 손바닥, 발바닥 따위에 굳은살이 생기다.

'손에 못이 박이다'라고 하면 '굳은살이 생겼다'는 말이고, '인이 박이다'라고 하면 '어떤 일에 습관이 들어 끊을 수 없을 정도로 몸에 아주 배다'라는 뜻의 관용구가 된다. 비슷한 예로 하도 많이 들어서 귀에 굳은살이 생길 정도라는 뜻을 나타낼 때도 '귀에 못이 박이다'라고 쓴다.

그런데 '손에 못이 박인다'를 망치로 못 박는 일과 혼동해서 '손에 못이 박힌다'라고 착각하여 쓰거나, 심지어 어떤 버릇이 생기는 것도 '인이 박힌다'라고 잘못 표현하는 경우가 있지만, 이는 망치로 박는 못과는 아무 관련이 없는 말이다.

따라서 디모데전서 3장 8절의 '술에 인박히지'는 '술에 인(이) 박이지'로 고쳐 써야 옳다. '인'과 '박이다'는 각각 별개의 단어이므로 띄어서 써야 한다.

⇨ 이와 같이 집사들도 정중하고 일구이언을 하지 아니하고 술에 인(이) 박이지 아니하고 더러운 이를 탐하지 아니하고

■ 〈참고〉 집사의 한자어는?

목사, 전도사, 권사, 집사는 모두 '사'자로 끝나는 말이지만

한자로는 다르다.

목사(牧師), 전도사(傳道師)는 스승 사(師)자를 쓴다.

스승 사(師)자를 쓰는 직업으로는 목사, 전도사 외에도 교사(教師), 강사(講師), 의사(醫師), 간호사(看護師), 요리사(料理師) 등이 있다.

권사(勸士)는 선비 사(士)자를 쓴다. (스승 사(師)자나 일 사(事)자를 쓰는 경우도 있다.)

선비 사(士)자를 쓰는 직업은 변호사(辯護士), 세무사(稅務士), 장학사(奬學士), 조종사(操縱士), 소방사(消防士) 등이 있고, 학사(學士), 석사(碩士), 박사(博士) 등의 학위나 하사(下士), 중사(中士), 상사(上士) 등의 계급에도 선비 사(士)자를 쓴다.

집사(執事)는 일 사(事)자를 쓴다.

일 사(事)자를 쓰는 직업은 판사(判事), 검사(檢事), 형사(刑事), 도지사(道知事) 등이 있다.

엉뚱하게 사용된 '아귀'라는 말

■ 관련 구절

성경에서 '아귀'라는 단어는 모두 12회 검색된다.

가) 우물 아귀

❖ 창세기 29:2–3

2 본즉 들에 우물이 있고 그 곁에 양 세 떼가 누워 있으니 이는 목자들이 그 우물에서 양 떼에게 물을 먹임이라 큰 돌로 우물 아귀를 덮었다가

3 모든 떼가 모이면 그들이 우물 아귀에서 돌을 옮기고 그 양 떼에게 물을 먹이고는 우물 아귀 그 자리에 다시 그 돌을 덮더라

✣ 창세기 29:8

그들이 이르되 우리가 그리하지 못하겠노라 떼가 다 모이고 목자들이 우물 아귀에서 돌을 옮겨야 우리가 양에게 물을 먹이느니라

✣ 창세기 29:10

야곱이 그의 외삼촌 라반의 딸 라헬과 그의 외삼촌의 양을 보고 나아가 우물 아귀에서 돌을 옮기고 외삼촌 라반의 양 떼에게 물을 먹이고

✣ 사무엘하 17:19

그 집 여인이 덮을 것을 가져다가 우물 아귀를 덮고 찧은 곡식을 그 위에 널매 전혀 알지 못하더라

나) 자루 아귀

✣ 창세기 42:27

한 사람이 여관에서 나귀에게 먹이를 주려고 자루를 풀고 본즉 그 돈이 자루 아귀에 있는지라

✣ 창세기 43:12

너희 손에 갑절의 돈을 가지고 너희 자루 아귀에 도로 넣

어져 있던 그 돈을 다시 가지고 가라 혹 잘못이 있었을까 두렵도다

✣ 창세기 43:21

여관에 이르러 자루를 풀어본즉 각 사람의 돈이 전액 그대로 자루 아귀에 있기로 우리가 도로 가져왔고

✣ 창세기 44:2

또 내 잔 곧 은잔을 그 청년의 자루 아귀에 넣고 그 양식 값 돈도 함께 넣으라 하매 그가 요셉의 명령대로 하고

다) 에바 아귀

✣ 스가랴 5:8

그가 이르되 이는 악이라 하고 그 여인을 에바 속으로 던져 넣고 납 조각을 에바 아귀 위에 던져 덮더라

라) 항아리 아귀

✣ 요한복음 2:7

예수께서 그들에게 이르시되 항아리에 물을 채우라 하신즉 아귀까지 채우니

마) 풀무불 아귀

✣ 다니엘 3:26

느부갓네살이 맹렬히 타는 풀무불 아귀 가까이 가서 불러 이르되 지극히 높으신 하나님의 종 사드락, 메삭, 아벳느고야 나와서 이리로 오라 하매 사드락과 메삭과 아벳느고가 불 가운데에서 나온지라

■ 검토 및 수정

문맥으로 보아 개역 개정 성경에서는 '아귀'라는 단어를 '그릇이나 항아리, 우물, 자루, 풀무불 따위에 무엇을 넣을 때 처음 들어가는 부분, 그러니까 다 넣었을 때는 맨 위가 되는 부분'을 말하는 것 같은데, 국어사전의 '아귀'는 이와는 전혀 다른 뜻이다.

아귀[1]

1. 「명사」 사물의 갈라진 부분.

2. 「명사」 두루마기나 속곳의 옆을 터 놓은 구멍.

3. 「명사」 씨앗이나 줄기에 싹이 트는 곳.

아귀[2]

「명사」 동물 아귓과의 바닷물고기. 몸의 길이는 60cm 정

도이고 넓적하며……, (이하 생략)

아귀[3] 餓鬼 [아:귀]

1. 「명사」 불교 팔부의 하나. 계율을 어기거나 탐욕을 부려 아귀도에 떨어진 귀신으로, 몸이 앙상하게 마르고 (이하 생략)
2. 「명사」 염치없이 먹을 것을 탐하는 사람을 비유적으로 이르는 말.
3. 「명사」 성질이 사납고 지독히 탐욕스러운 사람을 비유적으로 이르는 말.

〈개역 개정〉 성경에서는 '그릇이나 자루의 처음 들어가는 맨 윗부분'을 '동네 입구'를 뜻하는 말인 '어귀'에 유추하고 착각해서 '아귀'라고 했는지는 모르겠지만, 국어사전에 따르면 이는 명백히 잘못된 단어 사용이다.

그러면 이 경우 어떻게 고쳐 써야 옳을까? 국어사전에는 '그릇의 윗부분'이라는 뜻을 가진 단어로 '오둠지'라는 단어가 있다. 따라서 위의 '나)', '다)', '라)'는 '아귀' 대신 '오둠지'라고 써도 되겠지만, 워낙 잘 쓰지 않는 단어라 어색하다면 그냥 '자루 윗부분', '에바 꼭대기', '항아리 꼭대기' 등으로 써도 무방하리라 생각된다. 그리고 '가)'의 경우는 '우물 입구'나 '우물 상부', 혹은 아예 의역을 해서 '우물의 돌 덮개' 정도로 쓰고, '마)'의 경우는 '풀무불 입구'로 써도 되리라 생각한다.

그릇이나 자루의 입구 부분을 뜻하는 말로 '아가리'도 있다. '아가리'라고 하면 입을 낮추어 부르는 말로만 생각하여 부정적으로 생각하기 쉬우나, '그릇이나 병 따위의 속으로 통하는 구멍의 입구', '굴, 천막, 하수구 따위의 드나드는 어귀' 등을 일컬을 때도 쓰는 말이다.

참고로 우물 아귀는 〈공동번역〉에서는 '돌 뚜껑'으로, 에바 아귀는 〈표준새번역〉에서는 '뒤주 아가리'로, 풀무불 아귀는 〈표준새번역〉에서는 '화덕 어귀'로 번역했다. 그리고 요한복음의 '항아리 아귀'는 〈공동번역〉과 〈표준새번역〉 모두 '항아리 가득'으로 번역했다. 한편 〈NIV〉, 〈KJV〉 등의 영역본에서는 '우물 아귀'나 '자루 아귀', '풀무불 아귀' 등에 'mouth'나 'opening' 등의 단어를 사용했다.

이상에 따라 위 구절 중 몇 구절에 한해 부족한 대로 다듬어 본다.

✣ 창세기 29:3

⇨ 모든 떼가 모이면 그들이 우물의 돌 덮개를 옮기고 그 양 떼에게 물을 먹이고는 우물 덮개가 있던 원래 그 자리에 다시 그 돌을 덮더라

✣ 창세기 42:27

⇨ 한 사람이 여관에서 나귀에게 먹이를 주려고 자루를 풀고 본즉 그 돈이 자루 아가리에 있는지라

✣ 다니엘 3장 26절

⇨ 느부갓네살이 맹렬히 타는 풀무불 입구 가까이 가서 불러 이르되 지극히 높으신 하나님의 종 사드락, 메삭, 아벳느고야 나와서 이리로 오라 하매 사드락과 메삭과 아벳느고가 불 가운데에서 나온지라

✣ 요한복음 2장 7절

⇨ 예수께서 그들에게 이르시되 항아리에 물을 채우라 하신즉 오둠지까지 채우니

■ 〈참고〉 아귀찜일까, 아구찜일까?

국어사전의 아귀[2]에서 설명하고 있듯이 아귓과의 물고기

인 아귀를 콩나물, 미나리, 미더덕 따위의 재료와 함께 갖은 양념을 하고 고춧가루와 녹말풀을 넣어 걸쭉하게 끓인 음식은 '아귀찜'이다. 그런데 무슨 이유에선지 현재 음식점에서는 대부분 '아구찜'이라고 간판을 걸고 아귀찜을 팔고 있다. 추운 겨울이면 생각나는 아귀찜, 이름이야 어떻든 맛만 있으면 그만이겠지만 표준어가 아귀찜인 것은 알고 먹으면 더 맛있을 것 같다.

뚜껑은
'제치는' 게 아니다

■ 관련 구절

✣ 창세기 8:13

육백일 년 첫째 달 곧 그 달 초하룻날에 땅 위에서 물이 걷힌지라 노아가 방주 뚜껑을 제치고 본즉 지면에서 물이 걷혔더니

■ 검토 및 수정

'제치다'는 사전적으로 '거치적거리지 않게 처리하다', '경쟁 상대보다 우위에 서다', '일정한 대상이나 범위에서 빼다', '일을 미루다' 등의 의미이며, '수비수를 제치다', '경쟁 기업을 제치다', '만사를 제쳐 두고 예배에 나왔다' 등으로 쓸 수 있는 말이다. 그런데 여기서는 노아가 홍수가 끝난 후 방주의 뚜껑을 열었다는 말이므로, '열고'나 '열어젖히고'로 써야

한다. '열어젖히다'는 '문이나 창문을 갑자기 벌컥 열다'의 뜻이어서 의미가 좀 강한 느낌은 있다.

〈공동번역〉과 〈표준새번역〉에는 '열고'로 되어 있고, 〈NIV〉, 〈KJV〉에는 'removed'로 되어 있다.

이에 따라 위 구절은 다음과 같이 수정해 볼 수 있겠다.

⇨ 육백일 년 첫째 달 곧 그 달 초하룻날에 땅 위에서 물이 걷힌지라 노아가 방주 뚜껑을 열어젖히고 본즉 지면에서 물이 걷혔더니

'그저' 주는 걸까, '거저' 주는 걸까

■ 관련 구절

✣ 창세기 29:15

라반이 야곱에게 이르되 네가 비록 내 생질이나 어찌 그저 내 일을 하겠느냐 네 품삯을 어떻게 할지 내게 말하라

■ 검토 및 수정

라반이 야곱에게 일을 시키면서 대가 없이 시킬 수는 없어 품삯을 정하라고 하고 있다. 이때는 '그저'가 아닌 '거저'라고 해야 맞다. 사전의 풀이를 확인해 보면 '거저'는 '아무런 노력이나 대가 없이', 또는 '아무것도 가지지 않고 빈손으로'의 뜻이다.

이에 비해 '그저'는 '변함없이 이제까지', '다른 일은 하지

않고 그냥', '특별한 목적이나 이유 없이' 등 전혀 다른 뜻을 가진 단어다. 〈공동번역〉과 〈표준새번역〉에는 '거저'로, 〈NIV〉에는 'work for me for nothing'으로 번역되어 있다.

이에 따라 수정해 보면

⇨ 라반이 야곱에게 이르되 네가 비록 내 생질이나 어찌 거저 내 일을 하겠느냐 네 품삯을 어떻게 할지 내게 말하라

참고로 〈개역 개정〉 성경에서 다음의 구절들은 '거저'가 올바르게 쓰인 경우다.

✣ 마태복음 10:8

병든 자를 고치며 죽은 자를 살리며 나병환자를 깨끗하게 하며 귀신을 쫓아내되 너희가 거저 받았으니 거저 주라

✣ 에베소서 1:6

이는 그가 사랑하시는 자 안에서 우리에게 거저 주시는 바 그의 은혜의 영광을 찬송하게 하려는 것이라

'어긋맞추어'가 아니라 '어긋매끼어'다

■ **관련 구절**

❖ 창세기 33:4

에서가 달려와서 그를 맞이하여 안고 목을 어긋맞추어 그와 입맞추고 서로 우니라

■ **검토 및 수정**

야곱과 에서가 눈물로 목을 껴안고 화해하는 장면이다. 이때 '한쪽으로 치우치지 아니하도록 서로 어긋나게 걸치거나 맞추다'의 뜻으로 '어긋맞추어'라고 쓴 것은 잘못된 표기다. '어긋맞추다'의 규범 표기는 '어긋매끼다'이다. 줄여서 '엇매끼다'라고 해도 된다.

〈공동번역〉과 〈표준새번역〉에는 '목을 끌어안고'로 번역되

어 있다.

따라서 위의 구절은 표준어로 '어긋매끼어'로 쓰거나 '끌어 안고' 정도로 고치는 것이 좋겠다.

⇨ 에서가 달려와서 그를 맞이하여 안고 목을 어긋매끼어 그와 입맞추고 서로 우니라

이를 쳐서 빠뜨린다고?

■ 관련 구절

✣ 출애굽기 21:27

그 남종의 이나 여종의 이를 쳐서 빠뜨리면 그 이에 대한 보상으로 그를 놓아 줄지니라

■ 검토 및 수정

'빠뜨리다'는 사전적으로는 다음과 같은 뜻이다.

빠뜨리다

1. 물이나 허방이나 또는 어떤 깊숙한 곳에 빠지게 하다.
2. 어려운 지경에 놓이게 하다.
3. 부주의로 물건을 흘리어 잃어버리다.

– 〈표준국어대사전〉

그렇다면 이를 쳐서 빠뜨린다는 것은 있을 수 없는 표현이다. 이는 당연히 이를 쳐서 '부러뜨리면'으로 고쳐 써야 한다. 〈공동번역〉과 〈표준새번역〉에는 '부러뜨리면'으로 번역되어 있고, 〈NIV〉에는 'knock out', 〈KJV〉에는 'smite out'으로 번역되어 있다.

이상을 고려하여 위 구절을 수정해 보면

⇨ 그 남종의 이나 여종의 이를 쳐서 부러뜨리면 그 이에 대한 보상으로 그를 놓아 줄지니라

■ **〈참고〉 '부러뜨리다'일까, '부러트리다'일까**

표준어 규정 제26항은 아래와 같이 되어 있다.

제26항 한 가지 의미를 나타내는 형태 몇 가지가 널리 쓰이며 표준어 규정에 맞으면, 그 모두를 표준어로 삼는다.

이 규정에 따라 같은 뜻을 가진 여러 단어가 모두 표준어로 인정되는 것을 복수 표준어라 한다. 현재 표준어 규정에서는 강조의 뜻을 나타내는 접미사 '-뜨리다'와 '-트리다'는 둘 다 표준어로 삼는다.

따라서 '빠뜨리다/빠트리다', '부러뜨리다/부러트리다', '깨뜨리다/깨트리다', '넘어뜨리다/넘어트리다' 등은 둘 다 표준어로 인정한다.

자세한 내용은 〈부록 1〉의 복수 표준어항 참조.

'옛부터'가 아니라 '예로부터'다

■ 관련 구절

✣ 시편 55:19

옛부터 계시는 하나님이 들으시고 그들을 낮추시리이다

✣ 이사야 45:21

너희는 알리며 진술하고 또 함께 의논하여 보라 이 일을 옛부터 듣게 한 자가 누구냐

✣ 이사야 61:4

그들은 오래 황폐하였던 곳을 다시 쌓을 것이며 옛부터 무너진 곳을 다시 일으킬 것이며

✣ 이사야 64:4

주 외에는 자기를 앙망하는 자를 위하여 이런 일을 행한 신을 옛부터 들은 자도 없고

■ **검토 및 수정**

우리말에서 조사는 모든 품사에 다 붙을 수 있으나 다만 관형사나 감탄사에는 붙을 수 없다.

예컨대 명사 '여럿'에는 조사가 붙어 '여럿이서', '여럿을' 등으로 쓸 수 있어도 관형사 '여러'에는 '이/가, 을/를, 에서, 부터' 등의 조사가 붙을 수 없는 것과 같다. 마찬가지로 감탄사인 '여보', '여보게' 등에 조사를 붙여 '여보야', '여보게를' 등으로 쓸 수도 없다.

'옛'은 명사가 아니라 '옛 자취', '옛 직장'처럼 뒤의 체언을 꾸미는 관형사다. 따라서 '옛'은 조사가 붙을 수 없는 말이다. 관형사 '옛'의 명사 형태는 '예'이다. 그러므로 위에서 인용된 시편과 이사야의 구절들은 '예로부터', 또는 '옛날부터'라고 써야 한다.

시편과 55편 19절과 이사야 45장 21절을 이에 따라 다음

과 같이 수정할 수 있겠다.

⇨ 옛날부터(예로부터) 계시는 하나님이 들으시고 그들을 낮추시리이다

⇨ 너희는 알리며 진술하고 또 함께 의논하여 보라 이 일을 옛날부터(예로부터) 듣게 한 자가 누구냐

■ 〈참고〉 우리말의 품사

우리말은 명사, 대명사, 수사, 조사, 동사, 형용사, 관형사, 부사, 감탄사의 아홉 품사로 되어 있다. 이 중 명사, 대명사, 수사는 체언이라 하고, 조사는 관계언, 동사와 형용사는 용언, 관형사와 부사는 수식언, 감탄사는 독립언이라 한다. 각 품사의 뜻을 보이면 다음과 같다.

- * 명사: 사물의 명칭을 나타내는 말.
- * 대명사: 사람, 사물, 장소 등의 명칭을 대신 가리키는 말.
- * 수사: 사람이나 사물의 수량이나 순서를 나타내는 말.
- * 조사: 앞의 말에 붙어 단어들의 관계를 나타내거나, 특별한 뜻을 더해 주는 말.
- * 동사: 문장 주체의 동작이나 작용을 나타내는 말

* 형용사: 문장 주체의 성질이나 상태를 나타내는 말.
* 관형사: 체언 앞에 붙어 그 내용을 자세히 꾸며주는 말.
* 부사: 뒤에 오는 용언을 꾸며 그 내용을 더욱 분명히 해 주는 말.
* 감탄사: 놀람이나 느낌, 부름과 대답, 입버릇 등을 나타내는 말.

앞에서 말한 대로 관형사나 감탄사에는 조사가 붙을 수 없다. 대표적인 관형사에는 '이, 그, 저, 한, 두, 세, 네, 여러, 모든, 새, 헌, 다른, 옛' 등이 있다.

'간조'는 '건조'로 써야 한다

■ 관련 구절

성경에는 '간조'라는 단어가 2회 검색된다.

✣ 신명기 8:15

너를 인도하여 그 광대하고 위험한 광야 곧 불뱀과 전갈이 있고 물이 없는 간조한 땅을 지나게 하셨으며 또 너를 위하여 단단한 반석에서 물을 내셨으며

✣ 예레미야 17:6

그는 사막의 떨기나무 같아서 좋은 일이 오는 것을 보지 못하고 광야 간조한 곳, 건건한 땅, 사람이 살지 않는 땅에 살리라

■ 검토 및 수정

여기서 '간조'라는 말은 '건조(乾燥)'라는 말의 원말인데, 지금은 누구나, 또 어디서나 '건조'라고 쓰지 원말인 '간조'라는 말은 쓰지 않는다. 참고로 '마를 건(乾)' 자의 본음이 '간'이다. 이에 따라 위 구절들을 수정하면

✣ 신명기 8:15

⇨ 너를 인도하여 그 광대하고 위험한 광야 곧 불뱀과 전갈이 있고 물이 없는 건조한 땅을 지나게 하셨으며…

✣ 예레미야 17:6

⇨ 그는 사막의 떨기나무 같아서 좋은 일이 오는 것을 보지 못하고 광야 건조한 곳, 건건한 땅, 사람이 살지 않는 땅에 살리라

■ 〈참고〉 '금슬'일까, '금실'일까

우리말에는 이처럼 원래의 한자어에서 발음이 변한 형태를 표준말로 삼는 경우가 많다. 예를 들어 '금실(琴瑟, 금슬)이 좋다', '말 타면 경마(牽馬, 견마) 잡히고 싶다' 등의 '금실', '경마' 등이다. '금슬', '견마'는 각각 '금실', '경마'의 원말이지만 표준어는 아니다.

그 외에도 한자어에서 변한 말을 표준어로 삼는 경우를 몇 가지 더 예를 들면

* 가가(假家) → 가게
* 간난(艱難) → 가난
* 삭월세(朔月貰) → 사글세 (단, 월세(月貰)는 표준어)
* 종용(從容)하다 → 조용하다
* 주초(柱礎) → 주추(주춧돌) 등

'어두캄캄'은 북한어

■ 관련 구절

성경에는 '어두캄캄'이라는 단어가 2회 나온다.

✣ 사무엘하 22:10

그가 또 하늘을 드리우고 강림하시니 그의 발 아래는 어두캄캄하였도다

✣ 시편 18:9

그가 또 하늘을 드리우시고 강림하시니 그의 발 아래는 어두캄캄하도다

■ 검토 및 수정

'어두캄캄'이라는 말은 현실적으로 쓰지도 않지만 국어사

전에도 실려 있지 않다. 다만 인터넷에서 '어두캄캄'을 검색해 보면 북한어라고만 설명되어 있다. 성경에서 굳이 표준어도 아니고 현실적으로 쓰지도 않는 북한어 '어두캄캄'을 쓸 이유는 없다. 위의 시편과 사무엘하의 본문에 나온 '어두캄캄'은 당연히 표준어인 '어두컴컴'이라고 써야 한다.

위의 본문을 각각 수정해 보면

✣ 사무엘하 22:10

⇨ 그가 또 하늘을 드리우고 강림하시니 그의 발 아래는 어두컴컴하였도다

✣ 시편 18:9

⇨ 그가 또 하늘을 드리우시고 강림하시니 그의 발 아래는 어두컴컴하도다

■ 〈참고〉 모음조화 현상

두 음절 이상의 단어에서, 뒤의 모음이 앞 모음의 영향으로 그와 가깝거나 같은 소리로 되는 언어 현상. 'ㅏ', 'ㅗ' 따위의 양성 모음은 양성 모음끼리, 'ㅓ', 'ㅜ' 따위의 음성 모음은 음성 모음끼리 어울리는 현상이다. '깎아', '숨어', '알록달

록', '얼룩덜룩', '갈쌍갈쌍', '글썽글썽', '졸졸', '줄줄' 따위가 있다. (《표준국어대사전》)

양성 모음은 대체로 밝고 가볍고 작고 예리한 느낌을 주며, 음성 모음은 어둡고 무겁고 크고 둔한 느낌을 준다. 그래서 아빠는 벙글벙글 웃고 아기는 방글방글 웃으며, 아이는 앙큼하고 아저씨는 엉큼해야 어울린다. 거꾸로 아빠가 방글방글 웃고 아기가 벙글벙글 웃는다든지, 아이가 엉큼하고 아저씨가 앙큼하면 세상이 이상해진다.

모음조화 현상은 최근 들어서는 많이 깨지고 있다. 예전에는 '고마와', '아름다와' 등으로 썼으나 최근에는 '고마워', '아름다워' 등을 규범 표기로 인정한다. 그래서 '참 아름다워라 주님의 세계는'(찬송가 478장), '고마워라 임마누엘 예수만 섬기는 우리집'(찬송가 559장)이 된 것이다.

'어두캄캄'은 표준어도 아니고 북한어일 뿐이며, 게다가 우리말의 일반적인 모음조화 현상과도 맞지 않는 표기다.

'내려'와 '내려와'

■ 관련 구절

✣ 사무엘상 9:25

그들이 산당에서 내려 성읍에 들어가서는 사무엘이 사울과 함께 지붕에서 담화하고

■ 검토 및 수정

'내리다'는 비나 눈이 내리거나, 차나 배에서 내리거나, 짐을 내려놓거나, 상이나 사약을 내리거나 하는 경우에 쓰는 말이다. 이처럼 '내리다'는 대개 눈이나 비, 짐 등의 사물에 대해서 쓰고, 사람에 대해 쓸 때는 '기차에서 내리다'처럼 탈것에서 내리는 경우에 한한다.

사무엘상 9장 25절에서는 주어가 비나 눈이나 짐이 아니

라 사람인 '그들'이고, 또 산당이 탈것도 아니므로, '높은 곳에서 낮은 곳으로 온다'는 뜻의 '내려와'로 쓰는 것이 옳다.

⇨ 그들이 산당에서 내려와 성읍에 들어가서는 사무엘이 사울과 함께 지붕에서 담화하고

일관성 없는 수사의 혼용(1)

■ 관련 구절

✣ 레위기 27:25

또 네가 정한 모든 값은 성소의 세겔로 하되 이십 게라를 한 세겔로 할지니라

■ 검토 및 수정

수사는 수량이나 순서를 나타내는 품사다. 우리말의 수사는 고유어인 '하나, 둘, 셋, 넷, 열, 스물/첫째, 둘째, 열째, 스무째…' 계열과 한자어인 '일, 이, 삼, 사, 십, 백, 천/제일, 제이, 제삼, 제사…' 계열의 두 가지가 있다. 수사의 사용은 특별한 이유가 없으면 같은 계열로 일관성 있게 사용하는 것이 좋다. 대체로 일상생활에서는 고유어 계열을 많이 쓰고, 논문이나 공문서 등에서는 한자어 계열을 쓰는 일이 많다.

그런데 레위기 27장 25절에서는 '이십 게라를 한 세겔로 할지니라'라고 해서 한 문장에 한자어 '이십'과 고유어 '한'이 같이 쓰였다. 이것은 마치 '천사백 원을 한 달러(dollar)로 한다' 처럼 이상한 말이다.

레위기 27장에서는 이곳 외에도 수사가 일관성 없이 혼용된 구절이 매우 많이 눈에 보인다. 전체적으로 수정할 필요가 있다. 여기에서는 일단 25절만을 수정해 보면

⇨ 또 네가 정한 모든 값은 성소의 세겔로 하되 이십 게라를 일 세겔로 할지니라

■ 〈참고〉 성경의 화폐 단위와 환율

성경의 화폐 단위로는 세겔, 렙돈, 고드란트, 므나, 데나리온, 달란트, 드라크마 등 여러 가지가 있다. 이 중 세겔과 므나, 데나리온, 달란트의 환율을 비교해 보면 몇 가지 재미있는 사실을 발견하게 된다.

* 1므나는 30세겔이고, 데나리온으로는 100데나리온이다.
* 1달란트는 60므나이고, 데나리온으로는 그 100배인 6,000데나리온이다.

데나리온이 하루 품삯이라고 했으니, 1달란트는 6,000일의 품삯, 거의 20년 연봉에 해당하는 돈이다. 그렇다면 만 달란트는 지금 돈으로 따져 보아도 거의 수조 원에 해당하는 천문학적 거금이다. 마태복음 18장에는 임금에게 만 달란트 빚을 탕감받은 종이 자기에게 겨우 백 데나리온 빚진 자를 잡아 가두었다가 임금에게 다시 불려 가서 감옥에 갇히는 이야기가 나온다. 만 달란트는 백 데나리온의 무려 60만 배에 해당하는 돈이다. 이 이야기 끝에 예수님은 형제를 마음으로부터 용서하라는 교훈을 말씀하신다.

그런데 위의 화폐 단위에는 또 다른 비밀이 있다. 그 교환의 비율이 꼭 30, 60, 100배라는 것이다. 기독교인들은 누구나 예수님의 씨 뿌리는 비유를 알고 있을 것이다. 마태복음 13장 23절을 보면 '좋은 땅에 뿌려졌다는 것은 말씀을 듣고 깨닫는 자니 결실하여 어떤 것은 백 배, 어떤 것은 육십 배, 어떤 것은 삼십 배가 되느니라 하시더라'라고 되어 있다.

왜 하필 '백 배, 육십 배, 삼십 배'라고 했을까? 열 배, 스무 배, 천 배, 만 배처럼 십진 배수도 아니고, 하며 늘 궁금했었는데, 성경의 화폐 단위를 살펴보니 그 교환 비율이 바로 '백 배, 육십 배, 삼십 배'로 되어 있어 신기했다. 이런 관점에서

볼 때 좋은 땅에 뿌려지면 아예 화폐 단위가 달라지는 정도의 엄청난 횡재를 하게 되는 셈이 된다. 마치 1원 냈는데 1달러를 받은 것처럼 말이다. 이 얼마나 놀라운 축복인가.

예수님이 이를 의식하시고 말씀하신 것인지는 잘 모르겠으나, 씨 뿌리는 비유의 '백 배, 육십 배, 삼십 배'가 화폐 교환 비율과 같다는 점은 매우 흥미롭다.

'백 배, 육십 배, 삼십 배'의 비율은 화폐 단위에만 해당하는 것이 아니라 계량 단위에도 나타난다.

먼저 액체의 경우 1밧=22리터, 1힌=3.66리터, 1갑=1.2리터, 1록=0.3리터이며, 1호멜(또는 고르)은 10밧이다.

다음 고체의 경우 1에바= 22리터, 1스아=7.3리터, 1오멜=2.2리터, 1갑=1.2리터, 1록=0.3리터이며, 1호멜은 10에바이다.

그러니까 계량 단위도 정확하게 3, 6, 10배수로 단위가 달라진다.

이상으로 보아 예수님의 씨 뿌리는 비유는 이와 같은 3, 6, 10배수의 경제생활, 문화적 배경과도 관련이 있는 것으로 생각된다. 그리고 그 배수의 의미는 단순한 정도 차이가 아니라 단위 자체가 달라지는 큰 축복을 암시하고 있다.

▶ 로마의 은화인 데나리온(나무위키 사진)

▶ 가난한 과부의 헌금, 프랑수아 조제프 나베 作

일관성 없는 수사의 혼용(2)

■ 관련 구절

✣ 예레미야 52:24-25

24 사령관이 대제사장 스라야와 부제사장 스바냐와 성전 문지기 세 사람을 사로잡고

25 또 성 안에서 사람을 사로잡았으니 곧 군사를 거느린 지휘관 한 사람과 또 성중에서 만난 왕의 내시 칠 명과 군인을 감독하는 군 지휘관의 서기관 하나와 성 안에서 만난 평민 육십 명이라

■ 검토 및 수정

바벨론에 의해 유다가 패망하는 비극적인 장면이다. 이 구절에서도 앞에서 살펴본 레위기 27장의 경우처럼 고유어 계열의 수사와 한자어 계열의 수사가 혼용되어 있는 데다가 수

사 뒤에 오는 명사도 '사람'과 '명'으로 뒤섞여 있어 더더욱 읽기에 부자연스럽다.

이 구절을 자연스럽게 다듬어 보면

⇨ 24 사령관이 대제사장 스라야와 부제사장 스바냐와 성전 문지기 세 명을 사로잡고
25 또 성 안에서 사람을 사로잡았으니 곧 군사를 거느린 지휘관 한 명과 또 성중에서 만난 왕의 내시 일곱 명과 군인을 감독하는 군 지휘관의 서기관 한 명과 성 안에서 만난 평민 예순 명이라

('예순 명'은 원래대로 '육십 명'으로 그대로 두어도 괜찮겠다고 생각된다.)

'이만 만'이 아니라 '이억'

■ 관련 구절

✣ 요한계시록 9:16

마병대의 수는 이만 만이니 내가 그들의 수를 들었노라

■ 검토 및 수정

마병대의 수가 200,000,000이라는 이야기인데, 우리말의 수 단위에 '억'이라는 단어가 있으니 굳이 '이만 만'이라 쓸 이유는 없다고 생각된다. 〈공동번역〉과 〈표준새번역〉에는 '이억'으로 〈NIV〉에는 'two hundred million'으로 표기되어 있다.

따라서 위의 구절은 다음과 같이 고쳐서 쓰는 것이 좋겠다.

⇨ 마병대의 수는 이억이니 내가 그들의 수를 들었노라

한편 사무엘상의 다음 구절에 쓰인 '천천'과 '만만'은 수사적인 강조의 의미이므로, 굳이 '10만'이나 '일억'으로 쓸 필요는 없다고 생각된다.

여인들이 뛰놀며 노래하여 이르되 사울이 죽인 자는 천천이요 다윗은 만만이로다 한지라 (사무엘상 18장 7절)

■ 〈참고〉 수를 나타내는 말은 어떻게 띄어 쓸까?

한글 맞춤법 규정 제44항에는 수에 관한 띄어쓰기의 원칙이 다음과 같이 규정되어 있다.

제44항 수를 적을 적에는 '만(萬)' 단위로 띄어 쓴다.

십이억 삼천사백오십육만 칠천팔백구십팔

12억 3456만 7898

'우겨쌈'이 아니라 '욱여쌈'이다

■ 관련 구절

✣ 고린도후서 4:8

우리가 사방으로 우겨쌈을 당하여도 싸이지 아니하며 답답한 일을 당하여도 낙심하지 아니하며

■ 검토 및 수정

국어사전에 따르면 '우기다'는 '억지를 부려 제 의견을 고집스럽게 내세우다'라는 뜻이다.

그런데 위의 고린도후서 4장 8절은 핍박자들이 사도들을 둘러싸서 겁박한다는 의미로서 '우기다'와는 전혀 관계없는 의미 상황이다. 이런 경우에 쓰는 말은 '욱여싸다'이다. 〈표준국어대사전〉에는 '욱여싸다'를 다음과 같이 풀이하고 있다.

욱여싸다

1. 한가운데로 모아들여서 둘러싸다.

   예문) 개평꾼들은 노름판을 욱여싸고 눈독을 쏜다. (출처: 이기영, 『서화』)

2. 가의 것을 욱이어 속의 것을 싸다.

따라서 고린도후서 4장 8절의 '우겨쌈을 당하여도'는 '욱여쌈'으로 써야 한다.

⇨ 우리가 사방으로 욱여쌈을 당하여도 싸이지 아니하며
답답한 일을 당하여도 낙심하지 아니하며

참고로 최근의 〈개역 개정〉 성경에는 이 부분이 '욱여쌈'으로 수정되어 있다. 그러나 아직도 대부분의 기독교인들이 가지고 있는 성경에는 '우겨쌈'으로 되어 있어 주의를 환기할 필요가 있다.

'쬐이는'일까,
'쬐는'일까

■ 관련 구절

✣ 이사야 18:4

여호와께서 내게 이르시되 내가 나의 처소에서 조용히 감찰함이 쬐이는 일광 같고 가을 더위에 운무 같도다

■ 검토 및 수정

'볕이 들어 비치다', '볕이나 불기운 따위를 몸에 받다'라는 뜻의 말은 '쪼이다'이고 그 준말이 '쬐다'이다. '쬐이다'라고 하면 '볕을 쬐게 시키다'는 뜻의 사동사가 되니, 위의 경우는 '쬐는', 또는 '쪼이는'이 맞다. 따라서 위 구절은 다음과 같이 수정해야 할 것이다.

⇨ 여호와께서 내게 이르시되 내가 나의 처소에서 조용히

감찰함이 쬐는 일광 같고 가을 더위에 운무 같도다

■ 〈참고〉 복수 표준어

우리말 표준어 규정에는 두 가지 이상의 형태를 다 표준어로 인정하는 경우가 있는데 이를 복수 표준어라 한다. (표준어 규정 제26항 복수 표준어 참조.)

복수 표준어의 대표적인 예로는 '가뭄/가물', '넝쿨/덩굴'. '옥수수/강냉이', '아무튼/어떻든/어쨌든/하여튼/여하튼', '가엾다/가엽다', '서럽다/섧다', '-거리다/-대다', '-뜨리다/-트리다', '-(으)세요/-(으)셔요', '-이에요/-이어요', '척/체' 등이 있다.

'쪼이다'와 '쬐다', '조이다'와 '죄다', '쏘이다'와 '쐬다', '꼬이다'와 '꾀다', '고이다'와 '괴다'의 경우는 각각 앞의 말이 원칙이고 뒤의 말이 준말인 관계로서, 이 역시 복수 표준어에 해당한다.

복수 표준어에 대한 자세한 내용은 〈부록 1〉의 표준어 규정 제16항, 제18항, 제19항 및 제26항 참조.

'놀램'과 '놀라움'의 구별

■ 관련 구절

예레미야서에는 '놀램'이라는 단어가 6회 등장한다.

✣ 예레미야 25:9

보라 내가 북쪽 모든 종족과 내 종 바벨론의 왕 느부갓네살을 불러다가 이 땅과 그 주민과 사방 모든 나라를 쳐서 진멸하여 그들을 놀램과 비웃음거리가 되게 하며 땅으로 영원한 폐허가 되게 할 것이라 여호와의 말씀이니라

✣ 예레미야 25:18

예루살렘과 유다 성읍들과 그 왕들과 그 고관들로 마시게 하였더니 그들이 멸망과 놀램과 비웃음과 저주를 당함이 오늘과 같으니라

✣ 예레미야 42:18

만군의 여호와 이스라엘의 하나님께서 이와 같이 말씀하시되 나의 노여움과 분을 예루살렘 주민에게 부은 것 같이 너희가 애굽에 이를 때에 나의 분을 너희에게 부으리니 너희가 가증함과 놀램과 저주와 치욕거리가 될 것이라 너희가 다시는 이 땅을 보지 못하리라 하시도다

✣ 예레미야 44:12

내가 또 애굽 땅에 머물러 살기로 고집하고 그리로 들어간 유다의 남은 자들을 처단하리니 그들이 다 멸망하여 애굽 땅에서 엎드러질 것이라 그들이 칼과 기근에 망하되 낮은 자로부터 높은 자까지 칼과 기근에 죽어서 저주와 놀램과 조롱과 수치의 대상이 되리라

✣ 예레미야 44:22

여호와께서 너희 악행과 가증한 행위를 더 참을 수 없으셨으므로 너희 땅이 오늘과 같이 황폐하며 놀램과 저줏거리가 되어 주민이 없게 되었나니

✣ 예레미야 49:13

여호와의 말씀이니라 내가 나를 두고 맹세하노니 보스라

가 놀램과 치욕거리와 황폐함과 저줏거리가 될 것이요 그 모든 성읍이 영원히 황폐하리라 하시니라

■ **검토 및 수정**

'놀램'이란 '놀라게 하다'는 뜻의 사동사 '놀래다'에서 온 말이니 '놀램'이라 하면 자신이 아닌 남을 놀라게 해 준다는 말이 된다. 그러나 위의 구절들은 남을 놀라게 하는 것이 아니라 스스로가 놀라는 상황이므로 자동사인 '놀라다'나 형용사 '놀랍다'가 쓰여야 하는 자리다. 따라서 '놀램'은 잘못된 표현이고, '놀람'이나 '놀라움' 정도가 자연스럽다. 25장 18절의 경우, 〈표준새번역〉에는 '놀라움'으로, 〈NIV〉에는 'horror'로, 〈KJV〉에는 'astonishment'로 번역되어 있다.

이에 따라 예레미아 25장 18절은 다음처럼 수정되어야 할 것이다.

⇨ 예루살렘과 유다 성읍들과 그 왕들과 그 고관들로 마시게 하였더니 그들이 멸망과 놀라움과 비웃음과 저주를 당함이 오늘과 같으니라

'멀지 않아'와 '머지않아'

■ 관련 구절

예레미야서와 사도행전에는 '멀지 않아'라는 말이 나온다.

✣ 예레미야 51:33

만군의 여호와 이스라엘의 하나님께서 이와 같이 말씀하시되 딸 바벨론은 때가 이른 타작 마당과 같은지라 멀지 않아 추수 때가 이르리라 하시도다

✣ 사도행전 25:4

베스도가 대답하여 바울이 가이사랴에 구류된 것과 자기도 멀지 않아 떠나갈 것을 말하고

■ 검토 및 수정

'멀지 않다'는 공간적 거리가 가까울 때 쓰는 말이고, 시간적으로 가까운 시일이나 '불원간(不遠間)'이라는 뜻으로는 '머지않아'라는 부사를 쓴다.

위의 예레미야서와 사도행전의 해당 구절에서는 시간적으로 가까운 시일을 의미하므로 '머지않아'로 써야 한다. '머지않아'는 합성어이므로 한 단어로 붙여 써야 한다.

이에 따라 위의 두 구절을 각각 수정해 보면

✣ 예레미야 51:33

⇨ 만군의 여호와 이스라엘의 하나님께서 이와 같이 말씀하시되 딸 바벨론은 때가 이른 타작 마당과 같은지라 머지않아 추수 때가 이르리라 하시도다

✣ 사도행전 25:4

⇨ 베스도가 대답하여 바울이 가이사랴에 구류된 것과 자기도 머지않아 떠나갈 것을 말하고

의문형 종결 어미 '-쏘냐'

■ 관련 구절

✣ 예레미야애가 2:13

딸 예루살렘이여 내가 무엇으로 네게 증거하며 무엇으로 네게 비유할까 처녀 딸 시온이여 내가 무엇으로 네게 비교하여 너를 위로할까 너의 파괴됨이 바다 같이 크니 누가 너를 고쳐 줄소냐

■ 검토 및 수정

국어사전에는 '-쏘냐'에 대해 '(예스러운 표현으로) '해라' 할 자리에 쓰여, '어찌 그럴 리가 있겠느냐'의 뜻으로 강한 부정을 나타내는 종결 어미. 주로 의문문 형식을 취한다'라고 풀이하고 있다. 몇 가지 예를 들면 '내가 너에게 질쏘냐?', '아무리 바보라도 낫 놓고 기역 자를 모를쏘냐' 등이 있다. 그러나 '-

소냐'라는 어미는 우리말에 없다.

따라서 위 본문도 '누가 너를 고쳐 줄쏘냐'로 고쳐야 한다.

⇨ 딸 예루살렘이여 내가 무엇으로 네게 증거하며 무엇으로 네게 비유할까 처녀 딸 시온이여 내가 무엇으로 네게 비교하여 너를 위로할까 너의 파괴됨이 바다같이 크니 누가 너를 고쳐 줄쏘냐

■ 〈참고〉 종결 어미란?

우리말의 품사는 명사, 대명사, 수사, 조사, 동사, 형용사, 관형사, 부사, 감탄사의 아홉이다. 이 중 동사와 형용사는 쓰임에 따라 형태가 달라지는 특성을 가지고 있어서 이들을 하나로 묶어 용언(用言)이라고 한다. 예를 들어 동사 '읽다'는 '읽고, 읽어서, 읽는, 읽어라…' 등으로, 형용사 '예쁘다'는 '예쁘고, 예뻐서, 예쁜, 예쁘지…' 등으로 형태가 변한다.

이때 변하지 않는 부분 '읽-'과 '예쁘-'를 어간(語幹)이라 하고, 변하는 부분 '-고, -어서, -는, -어라, -지' 등을 어미(語尾)라 한다. 어미 중에서 단어의 끝에 오는 것을 어말 어미, 그 앞에 오는 것을 선어말어미라 한다. 어말 어미는 다시 문

장을 끝맺는 종결 어미와 이어 주는 연결 어미, 명사나 관형사처럼 쓰이게 만드는 전성 어미로 나뉜다. 종결 어미에는 문장의 종류에 따라 평서형, 의문형, 감탄형, 명령형, 청유형의 다섯이 있다.

위의 '-쏘냐'나 다음에 다룰 '-ㄹ꼬' 등은 어말 어미 중 의문형 종결 어미다.

의문과 감탄의 종결 어미 '-ㄹ꼬'

■ 관련 구절

✣ 민수기 23:10

야곱의 티끌을 누가 능히 세며 이스라엘 사분의 일을 누가 능히 셀고 나는 의인의 죽음을 죽기 원하며 나의 종말이 그와 같기를 바라노라 하매

■ 검토 및 수정

〈표준국어대사전〉에는 어미 '－ㄹ꼬'에 대해 다음과 같이 설명하고 있다.

－ㄹ꼬

1. (('이다'의 어간, 받침 없는 용언의 어간, 'ㄹ' 받침인 용언의 어간 또는 어미 '-으시-' 뒤에 붙어)) (예스러운 표현으로) 해라할 자리에 쓰여, 현재 정

해지지 않은 일에 대한 물음이나 추측을 나타내는 종결 어미. 주로 '누구, 무엇, 언제, 어디' 따위의 의문사가 있는 문장에 쓰이며 근엄한 말투를 만든다.

예문) 대체 그것이 무엇일꼬?

2. ((받침 없는 동사 어간, 'ㄹ' 받침인 동사 어간 또는 어미 '-으시-' 뒤에 붙어)) (예스러운 표현으로) 해라할 자리에 쓰여, 현재 정해지지 않은 일에 대하여 자기나 상대편의 의사를 묻는 종결 어미. 주로 '누구, 무엇, 언제, 어디' 따위의 의문사가 있는 문장에 쓰이며 근엄하거나 감탄적인 어감을 띠기도 한다.

예문) 영희야, 너는 무슨 노래를 부를꼬?

이처럼 '-ㄹ꼬'는 우리말에서 의문이나 감탄을 예스럽게 나타내는 종결 어미다. 그러나 이를 '-ㄹ고'라고 쓰면 잘못일 뿐 아니라, 그런 어미 자체가 없다. 따라서 위의 구절은 아래와 같이 수정되어야 한다.

⇨ 야곱의 티끌을 누가 능히 세며 이스라엘 사분의 일을 누가 능히 셀꼬 나는 의인의 죽음을 죽기 원하며 나의 종말이 그와 같기를 바라노라 하매

(이 구절은 가장 최근의 〈개역 개정〉 본에는 '셀꼬'로 수정되어 있다. 하지만 대부분의 교인들이 가지고 있는 성경에는 '셀고'로 되어 있어 주의를 요한다.)

■ 〈참고〉'갈까'와 '갈게'

맞춤법 규정에 따르면 의문형인 '갈까'와 '갈꼬'는 된소리 그대로 쓴다. 그러나 평서문인 '갈게'는 된소리인 [갈께]로 발음되어도 쓸 때는 '갈게'로 쓴다. 혼동되지 않도록 다음과 같이 묻는 말과 답하는 말을 연결해서 외워 두면 좋겠다.

지금 갈까, 나중에 갈까?
지금 갈게.

이 일을 누가 할꼬?
제가 할게요, 주님!

'맞추다'와 '맞히다'의 구별

■ 관련 구절

✣ 신명기 19:5

가령 사람이 그 이웃과 함께 벌목하러 삼림에 들어가서 손에 도끼를 들고 벌목하려고 찍을 때에 도끼가 자루에서 빠져 그의 이웃을 맞춰 그를 죽게 함과 같은 것이라 이런 사람은 그 성읍 중 하나로 도피하여 생명을 보존할 것이니라

■ 검토 및 수정

일반적으로 '맞추다'와 '맞히다'를 혼동하는 경우가 많다. '맞추다'와 '맞히다'에 대해 〈표준국어대사전〉은 아래와 같이 풀이하고 있다.

맞추다

I. 「…을 …에, …을 (…과)」('…과'가 나타나지 않을 때는 여럿임을 뜻하는 말이 목적어로 온다)

1. 서로 떨어져 있는 부분을 제자리에 맞게 대어 붙이다.

   예) 문짝을 문틀에 맞추다.

II. 「(…과) …을, …을 (…과)」('…과'가 나타나지 않을 때는 여럿임을 뜻하는 말이 주어나 목적어로 온다)

1. ((주로 '보다'와 함께 쓰여)) 둘 이상의 일정한 대상들을 나란히 놓고 비교하여 살피다.

   예) 나는 가장 친한 친구와 답을 맞추어 보았다.

2. 서로 어긋남이 없이 조화를 이루다.

   예) 다른 부서와 보조를 맞추다.

III. 「…을 …에/에게」

1. 어떤 기준이나 정도에 어긋나지 아니하게 하다.

   예) 원고를 심사 기준에 맞추다.

2. 어떤 기준에 틀리거나 어긋남이 없이 조정하다.

   예) 카메라의 초점을 아내에게 맞추다.

Ⅳ. 「…을」

1. 일정한 수량이 되게 하다.

예) 화투짝을 맞추다.

2. 열이나 차례 따위에 똑바르게 하다.

예) 줄을 맞추다.

3. 다른 사람의 의도나 의향 따위에 맞게 행동하다.

예) 비위를 맞추다.

4. 약속 시간 따위를 넘기지 아니하다.

예) 사람들과의 약속 시간을 맞추려면 지금 길을 나서야 한다.

5. 일정한 규격의 물건을 만들도록 미리 주문을 하다.

예) 구두를 맞추다.

Ⅴ. 「…에/에게 …을,(…과) …을」('…과'가 나타나지 않을 때는 여럿임을 뜻하는 말이 주어로 온다)

1. 다른 어떤 대상에 닿게 하다.

예) 아내에게 입을 맞추다.

이처럼 '맞추다'는 매우 많은 뜻을 가진 단어이지만, 그 의미 중 신명기 19장 5절의 '이웃을 맞춰 그를 죽게 함'의 뜻과 같이 쓸 수 있는 것은 없다.

이런 경우에 쓸 수 있는 말은 '맞추다'가 아니라 '맞히다'이다. 〈표준국어대사전〉에는 '맞히다'라는 동음이의어가 세 개 실려 있는데, 그 내용을 보면 다음과 같다.

맞히다[1]

1. 문제에 대한 답을 틀리지 않게 하다. '맞다'의 사동사.

 예) 정답을 맞히다.

맞히다[2]

1. 자연 현상에 따라 내리는 눈, 비 따위를 닿게 하다. '맞다'의 사동사.

 예) 화분에 눈을 맞히지 말고 안으로 들여놓아라.

2. 어떤 좋지 아니한 일을 당하게 하다. '맞다'의 사동사.

 예) 그렇게 착한 여자에게 바람을 맞히다니 용서할 수 없다.

맞히다[3]

Ⅰ.「…에/에게 …을,…을 …을」

1. 침, 주사 따위로 치료를 받게 하다. '맞다'의 사동사.

 예) 아이의 엉덩이에 주사를 맞히다.

II. 「…을 …에, …을 …으로」

1. 물체를 쏘거나 던져서 어떤 물체에 닿게 하다. 또는 그렇게 하여 닿음을 입게 하다. '맞다'의 사동사.

   예) 화살을 적장의 어깨에 맞히다.

신명기 19장 5절은 도끼날이 자루에서 빠져서 이웃에게 맞게 만든 것이므로 '맞히다[3]'에 해당한다. 이에 따라서 이 구절은 다음과 같이 수정되어야 한다.

⇨ 가령 사람이 그 이웃과 함께 벌목하러 삼림에 들어가서 손에 도끼를 들고 벌목하려고 찍을 때에 도끼가 자루에서 빠져 그의 이웃을 맞혀 그를 죽게 함과 같은 것이라 이런 사람은 그 성읍 중 하나로 도피하여 생명을 보존할 것이니라

■ 〈참고 1〉 답을 '맞추다'일까, '맞히다'일까

정답을 맞게 쓴 것은 답을 '맞히다'라고 쓰지만, 답이 맞았는지 확인해 보는 것은 '맞추다'라고 써야 한다. 다음 예문 참고.

예) 시험 끝나고 답을 맞추어 보니 10개 중 아홉 개를 맞혔다.

■ 〈참고 2〉 '안성마춤'일까, '안성맞춤'일까

예전에는 옷 같은 것을 일정한 치수나 규격대로 만들도록 미리 맡기는 것을 '마추다'라고 했으나, 현재의 맞춤법에서는 '맞추다'로 쓰도록 통일하였다. 비슷한 경우로 '안성마춤'으로 쓰는 경우가 많으나 '안성맞춤'이 맞는 말이다. 〈표준국어대사전〉에는 '안성맞춤'에 대해 다음과 같이 설명하고 있다.

안성-맞춤(安城맞춤)

1. 요구하거나 생각한 대로 잘된 물건을 비유적으로 이르는 말. 경기도 안성에 유기를 주문하여 만든 것처럼 잘 들어맞는다는 데서 유래한다.
   예) 그 양복이 너한테는 딱 안성맞춤이로구나.
2. 조건이나 상황이 어떤 경우나 계제에 잘 어울림.
   예) 혼자 살기에 안성맞춤인 오피스텔.

'날음'이 아니라 '낢'이다

■ 관련 구절

❖ 하박국 1:8

그들의 군마는 표범보다 빠르고 저녁 이리보다 사나우며 그들의 마병은 먼 곳에서부터 빨리 달려오는 마병이라 마치 먹이를 움키려 하는 독수리의 날음과 같으니라

■ 검토 및 수정

'날다'의 명사형은 어간인 '날–'에 명사형 어미 '–ㅁ'을 붙여 '낢'이라고 해야 옳다. 이처럼 어간이 '–ㄹ'로 끝나는 용언의 명사형은 받침이 'ㄻ'이 된다. 예컨대 '살다/삶', '알다/앎', '어질다/어짊'과 같은 경우다. 여기에 조사가 붙으면 '앎은', '삶의', '베풂이', '이끎으로써'와 같은 형태가 된다. 따라서 위 본문도 독수리의 '날음과 같으니라'가 아니라 맞춤법에

따라 '낢과 같으니라'로 쓰거나 자연스럽게 다듬어서 '독수리가 나는 것과' 정도로 써야 한다.

⇨ 그들의 군마는 표범보다 빠르고 저녁 이리보다 사나우며 그들의 마병은 먼 곳에서부터 빨리 달려오는 마병이라 마치 먹이를 움키려 하는 독수리의 낢과(나는 것과) 같으니라

참고로 흔히 '날다'의 관형형으로 '날으는'이라고 쓰는 경우도 있으나 이때는 '(하늘을) 나는'이라고 써야 한다. '날으는 원더우먼'이 아니라 '(하늘을) 나는 원더우먼'이다.

■ 〈참고〉 대중가요와 상품 등에 쓰인 언어의 오용

'날으는 원더우먼'이 아니라 (하늘을)'나는 원더우먼', '하늘을 나는 새들'이 맞다는 것은 앞에서도 말했지만, 그 외에도 우리 대중가요나 상품명에는 맞춤법이나 표준어 규정에 맞지 않는 것이 상당히 많다. 대표적인 것으로는 다음과 같은 것들이다.

* 꼬깔콘 → '꼬깔'이 아니라 '고깔'이 표준어.
* 설레임 → '설렘'이 맞는 말. 기본형은 '설레이다' 가 아니라

'설레다'.

* 오뚜기 라면 → '오뚜기'가 아니라 '오뚝이'가 표준어.

물론 사투리나 관습적인 표현 등에도 그 나름의 정감과 의미가 있고 이를 살려 쓰는 것도 때로는 필요하다. 그러나 이를 표준어인 것으로 오해하는 일은 없어야 하겠다.

'걷어 말음'이 아니라 '걷어 맒'이다

■ 관련 구절

✣ 이사야 38:12

나의 거처는 목자의 장막을 걷음 같이 나를 떠나 옮겨졌고 직공이 베를 걷어 말음 같이 내가 내 생명을 말았도다 주께서 나를 틀에서 끊으시리니 조석간에 나를 끝내시리라

■ 검토 및 수정

앞에서 '날음'이 아니라 '낢'이라고 설명한 것과 같은 경우다. '말다' 역시 명사형은 어간 '말-'에 명사형 어미 '-ㅁ'이 연결된 '맒'으로 쓰거나 '마는 것' 정도로 다듬어 써야 한다.

이에 따라 이사야 38장 12절을 수정해 보면

⇨ 나의 거처는 목자의 장막을 걷음같이 나를 떠나 옮겨졌고 직공이 베를 걷어 말같이(마는 것같이) 내가 내 생명을 말았도다 주께서 나를 틀에서 끊으시리니 조석 간에 나를 끝내시리라

(참고로 우리말에서 '같이'는 부사로도 쓰이고 조사로도 쓰이는데, 위 구절의 '같이'는 조사이므로 앞말에 붙여 써야 한다. 그러나 '조석 간'의 경우는 별도의 낱말이므로 띄어서 써야 한다. 여기서는 띄어쓰기도 반영하여 수정했다.)

'어찌다'라는 말은 없다

■ **관련 구절**

성경에는 '어찜이냐'라는 말이 모두 7회 검색된다.

✣ 창세기 21:29

아비멜렉이 아브라함에게 이르되 이 일곱 암양 새끼를 따로 놓음은 어찜이냐

✣ 전도서 7:10

옛날이 오늘보다 나은 것이 어찜이냐 하지 말라 이렇게 묻는 것은 지혜가 아니니라

✣ 예레미야 46:5

여호와의 말씀이니라 내가 본즉 그들이 놀라 물러가며 그

들의 용사는 패하여 황급히 도망하며 뒤를 돌아보지 아니함은 어찜이냐 두려움이 그들의 사방에 있음이로다

✣ 마태복음 27:23

빌라도가 이르되 어찜이냐 무슨 악한 일을 하였느냐 그들이 더욱 소리 질러 이르되 십자가에 못 박혀야 하겠나이다 하는지라

✣ 마가복음 1:27

다 놀라 서로 물어 이르되 이는 어찜이냐 권위 있는 새 교훈이로다 더러운 귀신들에게 명한즉 순종하는도다 하더라

✣ 마가복음 15:14

빌라도가 이르되 어찜이냐 무슨 악한 일을 하였느냐 하니 더욱 소리 지르되 십자가에 못 박게 하소서 하는지라

✣ 누가복음 20:17

그들을 보시며 이르시되 그러면 기록된 바 건축자들의 버린 돌이 모퉁이의 머릿돌이 되었느니라 함이 어찜이냐

■ 검토 및 수정

성경에는 '어찜이냐'라는 말이 여러 번 나온다. '어찌 된 일이냐', '어떻게 된 영문이냐' 정도의 뜻으로 예스럽게 표현한 것 같은데, 우리말에는 '어찌다'라는 단어가 없으니, '어찜'이라는 말은 잘못된 것이다.

'어찜이냐'보다는 '어찌 된 일이냐', '어떻게 된 영문이냐' 정도로 고쳐 쓰는 것이 좋겠다.

창세기와 마태복음의 구절만을 고쳐 써 본다면

✣ 창세기 21:29

⇨ 아비멜렉이 아브라함에게 이르되 이 일곱 암양 새끼를 따로 놓음은 어찌 된 영문이냐

✣ 마태복음 27:23

⇨ 빌라도가 이르되 어찌 된 일이냐 무슨 악한 일을 하였느냐 그들이 더욱 소리 질러 이르되 십자가에 못 박혀야 하겠나이다 하는지라

도끼를 두른다고?

■ 관련 구절

✣ 신명기 20:19

너희가 어떤 성읍을 오랫동안 에워싸고 그 성읍을 쳐서 점령하려 할 때에도 도끼를 둘러 그 곳의 나무를 찍어내지 말라 이는 너희가 먹을 것이 될 것임이니 찍지 말라 들의 수목이 사람이냐 너희가 어찌 그것을 에워싸겠느냐

■ 검토 및 수정

'두르다'라는 말은 〈고려대 한국어대사전〉에는 다음과 같이 설명되어 있다.

두르다

1. (사람이 일정한 넓이를 지닌 긴 물건을 신체 부위에) 대고 돌려 감다.

예) 이마에 띠를 두르다.

2. (사람이 어떤 물건으로 다른 물건의 주위나 가를) 돌아가며 잇대다.

예) 이 모자는 잔잔한 꽃무늬로 테를 둘렀다.

3. (사람이 치마나 천을 다른 옷 위에) 돌리듯이 덧대어 입다.

예) 앞치마를 두르다.

4. (사람이 말을) 직접적으로 하지 않고 이리저리 돌려서 하다.

예) 말을 둘러서 하지 말고 솔직하게 해 봐라.

5. (사람이 물건에 기름이나 칠을) 고르게 바르다.

예) 프라이팬에 식용유를 두르다.

6. (사람이 어디를) 바로 가지 않고 멀리 피하여 돌다.

예) 논둑을 빙 둘러 왔다.

7. (사람이 돈을) 이리저리 변통하다.

예) 돈 좀 급히 두를 데 없겠어요?

8. (어떤 사람이 다른 사람을) 그럴듯하게 속이다.

예) 어린 사람이라고 함부로 두르면 못써요.

9. (사람이 물건이나 신체 부위를) 원을 그리듯이 돌리다.

예) 우리는 횃불을 휘휘 두르며 대보름을 즐겼다.

신명기 20장 19절의 '둘러'는 이 중 그 어느 것에도 해당하지 않는다. 다시 말해 전혀 다른 의미를 가진 단어를 쓴 것이다. (혹시 '휘둘러'를 잘못 쓴 것이 아닌지 모르겠다.)

이 부분은 〈공동번역〉이나 〈표준새번역〉 등에 '도끼로 (마구 찍어내지는 마라)', '도끼로 (마구 찍어서는 안 된다)'로 되어 있고, 〈우리말성경〉에는 '도끼를 사용해'로 되어 있다. 영역본의 경우 〈NIV〉에서는 'putting an axe'로, 〈KJV〉에서는 'forcing an axe'로 되어 있다.

이상을 고려할 때 신명기 20장 19절의 '도끼를 둘러'는 '도끼를 사용해' 혹은 '도끼로' 정도로 수정되어야 할 것이다.

⇨ 너희가 어떤 성읍을 오랫동안 에워싸고 그 성읍을 쳐서 점령하려 할 때에도 도끼를 사용해 그 곳의 나무를 찍어내지 말라 이는 너희가 먹을 것이 될 것임이니 찍지 말라 들의 수목이 사람이냐 너희가 어찌 그것을 에워싸겠느냐

'-더면'과 '-더라면'

■ 관련 구절

성경에는 '-더면'이라는 어미가 여러 번 등장한다.

✣ 민수기 22:29

발람이 나귀에게 말하되 네가 나를 거역하기 때문이니 내 손에 칼이 있었더면 곧 너를 죽였으리라

✣ 민수기 22:33

나귀가 나를 보고 이같이 세 번을 돌이켜 내 앞에서 피하였느니라 나귀가 만일 돌이켜 나를 피하지 아니하였더면 내가 벌써 너를 죽이고 나귀는 살렸으리라

✣ 여호수아 7:7

이르되 슬프도소이다 주 여호와여 어찌하여 이 백성을 인도하여 요단을 건너게 하시고 우리를 아모리 사람의 손에 넘겨 멸망시키려 하셨나이까 우리가 요단 저쪽을 만족하게 여겨 거주하였더면 좋을 뻔하였나이다

✣ 사무엘상 25:34

나를 막아 너를 해하지 않게 하신 이스라엘의 하나님 여호와의 살아 계심을 두고 맹세하노니 네가 급히 와서 나를 영접하지 아니하였더면 밝는 아침에는 과연 나발에게 한 남자도 남겨 두지 아니하였으리라 하니라

✣ 사무엘하 2:27

요압이 이르되 하나님이 살아 계심을 두고 맹세하노니 네가 말하지 아니하였더면 무리가 아침에 각각 다 돌아갔을 것이요 그의 형제를 쫓지 아니하였으리라 하고

✣ 사무엘하 18:33

왕의 마음이 심히 아파 문 위층으로 올라가서 우니라 그가 올라갈 때에 말하기를 내 아들 압살롬아 내 아들 내 아들 압살롬아 차라리 내가 너를 대신하여 죽었더면, 압살롬 내 아

들아 내 아들아 하였더라

✣ 사무엘하 19:6

이는 왕께서 미워하는 자는 사랑하시며 사랑하는 자는 미워하시고 오늘 지휘관들과 부하들을 멸시하심을 나타내심이라 오늘 내가 깨달으니 만일 압살롬이 살고 오늘 우리가 다 죽었더면 왕이 마땅히 여기실 뻔하였나이다

✣ 열왕기하 5:13

그의 종들이 나아와서 말하여 이르되 내 아버지여 선지자가 당신에게 큰 일을 행하라 말하였더면 행하지 아니하였으리이까 하물며 당신에게 이르기를 씻어 깨끗하게 하라 함이리이까 하니

✣ 열왕기하 13:19

하나님의 사람이 노하여 이르되 왕이 대여섯 번을 칠 것이니이다 그리하였더면 왕이 아람을 진멸하기까지 쳤으리이다 그런즉 이제는 왕이 아람을 세 번만 치리이다 하니라

✣ 시편 44:20

우리가 우리 하나님의 이름을 잊어버렸거나 우리 손을 이

방 신에게 향하여 폈더면

✣ 시편 94:17

여호와께서 내게 도움이 되지 아니하셨더면 내 영혼이 벌써 침묵 속에 잠겼으리로다

✣ 시편 119:92

주의 법이 나의 즐거움이 되지 아니하였더면 내가 내 고난 중에 멸망하였으리이다

✣ 이사야 1:9

만군의 여호와께서 우리를 위하여 생존자를 조금 남겨 두지 아니하셨더면 우리가 소돔 같고 고모라 같았으리로다

✣ 예레미야 20:14-16

14 내 생일이 저주를 받았더면, 나의 어머니가 나를 낳던 날이 복이 없었더면,
15 나의 아버지에게 소식을 전하여 이르기를 당신이 득남하였다 하여 아버지를 즐겁게 하던 자가 저주를 받았더면,
16 그 사람은 여호와께서 무너뜨리시고 후회하지 아니하신 성읍 같이 되었더면, 그가 아침에는 부르짖는 소리, 낮에

는 떠드는 소리를 듣게 하였더면, 좋을 뻔하였나니

■ 검토 및 수정

우리말에서 과거의 사실을 실제와 다르게 가정해서 말하는 연결 어미는 '–더라면'이나 '–다면'이다. '–더라면'은 줄여서 '–더면'으로 쓰기도 한다.

그러나 '–더면'이라는 어미를 아예 싣고 있지 않은 사전도 많다. 말하자면 '–더면'은 이제는 널리 쓰이지 않는 표현인 것이다. 실제로도 대부분의 현대 한국어 언중에게 '–더면'은 조금 어색하기도 하고, 미묘한 어감의 차이도 있어서, 위의 구절들은 '–더라면'이나 '–다면'으로 쓰는 것이 더 현대적이고 자연스럽겠다는 생각이다.

〈공동번역〉이나 〈표준새번역〉 등에서도 위의 구절들의 경우 주로 '–더라면'을 많이 쓰고 있으며, 경우에 따라 '–다면', '–었으면' 등을 쓰기도 하나 '–더면'을 쓴 경우는 거의 없다.

그런데 가장 최근의 〈개역 개정〉에서도 '–더면'이 부자연스럽다고 생각해서인지, 위 구절 중 민수기 22장 29절은 '내 손에 칼이 있었다면'으로 수정되어 있으나, 다른 구절은 여전히 '-더면' 그대로 남아 있다.

이상을 고려하여 위의 구절 중 시편 119편 92절과 예레미야 20장 16절만을 다듬어 보면

✣ 시편 119:92

⇨ 주의 법이 나의 즐거움이 되지 아니하였다면 내가 내 고난 중에 멸망하였으리이다

✣ 예레미야 20:16

⇨ 그 사람은 여호와께서 무너뜨리시고 후회하지 아니하신 성읍같이 되었더라면, 그가 아침에는 부르짖는 소리, 낮에는 떠드는 소리를 듣게 하였더라면, 좋을 뻔하였나니

덧붙이자면 〈개역 개정〉 성경에도 '-더면'보다는 '-더라면'이나 '-다면'으로 쓴 경우가 훨씬 많다. 예를 들어 욥기 3장의 경우만을 보아도 알 수 있다.

3 내가 난 날이 멸망하였더라면, 사내 아이를 배었다 하던 그 밤도 그러하였더라면,

4 그 날이 캄캄하였더라면, 하나님이 위에서 돌아보지 않
으셨더라면, 빛도 그 날을 비추지 않았더라면,
5 어둠과 죽음의 그늘이 그 날을 자기의 것이라 주장하였
더라면, 구름이 그 위에 덮였더라면, 흑암이 그 날을 덮었더
라면

'너'와 '너희'의 혼용

■ 관련 구절

✣ 신명기 10:10

내가 처음과 같이 사십 주 사십 야를 산에 머물렀고 그 때에도 여호와께서 내 말을 들으사 너를 참아 멸하지 아니하시고

■ 검토 및 수정

이 장면은 모세가 이스라엘 백성들에게 설교하고 있는 대목이다. 그런데 여기서 모세는 이스라엘 백성을 '너'라고 단수로 칭하고 있다. 집합적 존재인 백성을 단수로 칭한 것도 이상하지만, 같은 신명기 10장의 또 다른 곳에서는 '너'가 아니라 '너희'로 부르는 등 일관성 없이 혼용되고 있다는 것이 더 큰 문제다. 이어지는 구절을 보면

16 그러므로 너희는 마음에 할례를 행하고 다시는 목을 곧
게 하지 말라
17 너희의 하나님 여호와는 신 가운데 신이시며 주 가운데
주시요 크고 능하시며 두려우신 하나님이시라 사람을 외모
로 보지 아니하시며 뇌물을 받지 아니하시고
18 고아와 과부를 위하여 정의를 행하시며 나그네를 사랑
하여 그에게 떡과 옷을 주시나니
19 너희는 나그네를 사랑하라 전에 너희도 애굽 땅에서 나
그네 되었음이니라
20 네 하나님 여호와를 경외하여 그를 섬기며 그에게 의지
하고 그의 이름으로 맹세하라
21 그는 네 찬송이시요 네 하나님이시라 네 눈으로 본 이
같이 크고 두려운 일을 너를 위하여 행하셨느니라
22 애굽에 내려간 네 조상들이 겨우 칠십 인이었으나 이제
는 네 하나님 여호와께서 너를 하늘의 별 같이 많게 하셨느
니라

1절에서 19절까지는 이스라엘 백성을 '너희'라고 복수로 칭하다가 20-22절에서는 다시 단수인 '너'나 '너의'의 준말인 '네'로 이어지고 있다. 이 부분은 전체적으로 이스라엘 백성을 두고 설교한 것이니, 당연히 복수인 '너희', '너희의'로

표현되어야 하고, 일관성을 지켜야 할 것이다.

이 부분은 〈공동번역〉이나 〈표준새번역〉에는 일관되게 '너희', '너희의'로 번역되어 있다.

이상을 고려하여 위 구절의 일부를 수정하면

✣ 신명기 10:10

⇨ 내가 처음과 같이 사십 주 사십 야를 산에 머물렀고 그때에도 여호와께서 내 말을 들으사 너희를 참아 멸하지 아니하시고

✣ 신명기 10:22

⇨ 애굽에 내려간 너희 조상들이 겨우 칠십 인이었으나 이제는 너희 하나님 여호와께서 너희를 하늘의 별같이 많게 하셨느니라

(덧붙이자면 '그때'는 한 단어이고, '별같이'의 '같이'는 조사이므로 이 둘은 붙여 써야 한다.)

복수일 때는 '너희'로 써야

■ 관련 구절

✣ 신명기 16:16

너의 가운데 모든 남자는 일 년에 세 번 곧 무교절과 칠칠절과 초막절에 네 하나님 여호와께서 택하신 곳에서 여호와를 뵈옵되 빈손으로 여호와를 뵈옵지 말고

■ 검토 및 수정

앞에서 살펴본 신명기 10장의 경우와 비슷한 사례다.

신명기 16장 16절의 '너의 가운데'는 '너희들 무리 가운데'라는 집단적 의미일 것이므로 단수인 '너의'는 이상하다. '너희'로 써야 맞을 것으로 생각된다. 〈공동번역〉에는 '너희 가운데 모든 남자는'으로, 〈표준새번역〉에는 '모든 남자는'으로 번역되어 있다.

이에 따라 수정해 보면

⇨ 너희 가운데 모든 남자는 일 년에 세 번 곧 무교절과 칠칠절과 초막절에 네 하나님 여호와께서 택하신 곳에서 여호와를 뵈옵되 빈손으로 여호와를 뵈옵지 말고

그러나 다음의 경우는 복수의 의미로 단정할 수 없으므로 그대로 '너의'로 쓰는 것이 맞다고 생각된다.

✣ 스바냐 3장 17절

너의 하나님 여호와가 너의 가운데에 계시니 그는 구원을 베푸실 전능자이시라 그가 너로 말미암아 기쁨을 이기지 못하시며 너를 잠잠히 사랑하시며 너로 말미암아 즐거이 부르며 기뻐하시리라 하리라

■ 〈참고〉 '너'와 '당신(當身)'

사람을 가리키는 대명사 중에서 상대방을 가리키는 대명사를 2인칭 대명사라 한다. 2인칭 대명사의 대표적인 것으로는 '너, 너희, 자네, 당신(當身)' 등이 있다.

그런데 이 중 '당신(當身'의 경우는 단순한 2인칭 외에도

다양한 용법으로 사용된다. 〈고려대 한국어대사전〉의 풀이를 보면

당신(當身)

1. (기본의미) 듣는 이를 조금 높여 가리키는 말.

 예) 당신은 이 문제에 대해 어떻게 생각합니까?

2. 맞서 싸울 때나 언쟁을 할 때 상대방을 얕잡아 가리키는 말.

 예) 당신 말 다 한 거야?

3. 부부간에 서로 상대방을 가리키는 말.

 예) 당신을 가장 사랑하는 남편으로부터.

4. 종교적 대상물을 아주 높여 가리키는 말.

 예) 주여, 당신을 온갖 피조물의 창조주라 부르옵니다.

5. '그 자신'이라는 뜻으로, 이야기되고 있는 윗사람을 아주 높여 가리키는 말.

 예) 이 책은 아버님 당신께서 생전에 아끼시던 것이다.

일반적으로 '당신'이라는 말은 위 설명의 1, 2, 3항의 용법으로 쓰이는 경우가 많아, 지금까지는 기도나 찬송할 때 '당신'이라는 말을 쓰는데 어떤 저항감을 느끼는 경우가 많았으나, 이제는 사전에서도 '종교적 대상물을 아주 높여 가리키

는 말'로 인정하고 있으니, 앞으로는 편안하게 '하나님, 당신을 사랑합니다'라고 고백해도 될 것이다.

한편 다섯 번째 항의 경우는 청소년들에겐 익숙하지 않겠지만, 어른에 대해 '그분 자신'이라는 뜻으로 공경하는 마음을 담아 일컬을 때 사용하는 말이다. 하나님이나 예수님에 대해서도 '하나님께서는 우리를 사랑하셔서 당신의 독생자를 보내 주셨습니다', '예수님께서는 당신의 제자들을 끝까지 사랑해 주셨습니다'처럼 쓸 수 있을 것이다.

'늘리다'와 '늘이다'

■ 관련 구절

✣ 잠언 28:8

중한 변리로 자기 재산을 늘이는 것은 가난한 사람을 불쌍히 여기는 자를 위해 그 재산을 저축하는 것이니라

■ 검토 및 수정

'늘이다'와 '늘리다'는 그 쓰임새가 다르다. 〈표준국어대사전〉에서는 각각을 이렇게 풀이하고 있다.

늘이다

1. 본디보다 더 길어지게 하다.

   예) 고무줄을 늘이다.

2. 선 따위를 연장하여 계속 긋다.

예) 선분 ㄱㄴ을 늘이면 다른 선분과 만나게 된다.

늘리다

1. 물체의 넓이, 부피 따위를 본디보다 커지게 하다.

   예) 주차장의 규모를 늘리다.

2. 수나 분량 따위를 본디보다 많아지게 하거나 무게를 더 나가게 하다. '늘다'의 사동사.

   예) 학생 수를 늘리다.

3. 힘이나 기운, 세력 따위를 이전보다 큰 상태로 만들다. '늘다'의 사동사.

   예) 적군은 세력을 늘린 후 다시 침범하였다.

사전에 따르면 재산은 '늘리는' 것이지 '늘이는' 것이 아니다. '늘이다'는 길이를 길어지게 할 때 쓰는 말이다. 따라서 잠언 28장 8절의 경우는 다음과 같이 고쳐 써야 할 것이다.

⇨ 중한 변리로 자기 재산을 <u>늘리는</u> 것은 가난한 사람을 불쌍히 여기는 자를 위해 그 재산을 저축하는 것이니라

(또는 '늘리는' 대신 '불리는'이라는 단어를 써도 좋을 것 같다.)

덧붙이자면 이 구절은 〈개역 개정〉의 일부 판본에서는 '늘

리는'으로 되어 있다. 그러나 대부분의 기독교인들이 가지고 있는 〈개역 개정〉 성경에는 여전히 '늘이는'으로 되어 있어 주의를 환기할 필요가 있다.

날개가
퍼진다고?

■ 관련 구절

✣ 열왕기상 6:27

솔로몬이 내소 가운데에 그룹을 두었으니 그룹들의 날개가 퍼져 있는데 이쪽 그룹의 날개는 이쪽 벽에 닿았고 저쪽 그룹의 날개는 저쪽 벽에 닿았으며 두 날개는 성전의 중앙에서 서로 닿았더라

■ 검토 및 수정

날개는 '펴는' 것, 혹은 '펼치는' 것이지 '퍼지는' 것이 아니다. 〈표준국어대사전〉에서 '퍼지다'를 찾아보면 다음과 같이 설명되어 있다.

펴지다

1. 끝 쪽으로 가면서 점점 굵거나 넓적하게 벌어지다.

   예) 아래가 퍼진 스커트.

2. 몸이나 몸의 어떤 부분이 살이 쪄서 가로 벌어지다.

   예) 엉덩이가 퍼지다.

3. 끓이거나 삶은 것이 불어서 커지거나 잘 익다.

   예) 국수가 퍼지다.

그룹들은 자신의 날개를 펴거나 접거나 할 수 있는 존재이므로, 날개가 '퍼져 있다'는 것은 매우 부자연스러운 표현이다.

참고로 〈공동번역〉에서는 이 부분을 '거룹의 날개는 펼쳐져 있어 한 거룹의 날개가 한 벽에 닿았고'로 되어 있으며, 〈표준새번역〉에는 '그룹들의 날개는 펴져 있어서, 이쪽 그룹의 한 날개가 저쪽 벽에 닿았고'로 되어 있다. 영역본의 경우 〈NIV〉에서는 '접었던 것을 펼친다'는 뜻의 'spread out'으로, 〈KJV〉에서는 '펴다'나 '뻗다'의 뜻인 'stretched forth'로 되어 있다.

이상을 고려하여 열왕기상 6장 27절은 아래와 같이 수정되어야 할 것이다.

⇨ 솔로몬이 내소 가운데에 그룹을 두었으니 그룹들의 날개가 펼쳐져 있는데 이쪽 그룹의 날개는 이쪽 벽에 닿았고 저쪽 그룹의 날개는 저쪽 벽에 닿았으며 두 날개는 성전의 중앙에서 서로 닿았더라

'간'일까,
'칸'일까

■ 관련 구절

✣ 에스겔 40:12–13

12 방 앞에 간막이 벽이 있는데 이쪽 간막이 벽도 한 척이
요 저쪽 간막이 벽도 한 척이며 그 방은 이쪽도 여섯 척이요
저쪽도 여섯 척이며
13 그가 그 문간을 측량하니 이 방 지붕 가에서 저 방 지붕
가까지 너비가 스물다섯 척인데 방문은 서로 반대되었으며

■ 검토 및 수정

'간'과 '칸' 중에서 표준어인 것은 '칸'이다. 표준어 규정 제3항에 따르면 칸과 간, 동녘과 동녁, 부엌과 부억 같은 단어들은 거센소리를 가진 형태를 표준어로 삼는다. 따라서 '칸, 한칸, 빈칸, 칸막이, 동녘, 새벽녘, 부엌' 등으로 써야 한다.

그러나 예외적으로 '초가삼간, 윗간'처럼 관습적으로 굳어진 경우는 그냥 한자 원음대로 '간(間)'으로 쓴다고 규정하고 있다. '문간(門間)'의 경우도 마찬가지다. 이에 따라 12절의 '간막이'는 '칸막이'로 써야 하되, 13절의 '문간'은 그대로 '문간'으로 쓴다. 덧붙이자면 '칸막이벽'은 합성어이므로 붙여 써야 한다. 12절만 다듬어 쓰면

⇨ 방 앞에 칸막이벽이 있는데 이쪽 칸막이벽도 한 척이요 저쪽 칸막이벽도 한 척이며 그 방은 이쪽도 여섯 척이요 저쪽도 여섯 척이며

분노(忿怒, 憤怒)와 대로(大怒)

■ 관련 구절

✣ 예레미야 21:5

내가 든 손과 강한 팔 곧 진노와 분노와 대노로 친히 너희를 칠 것이며

■ 검토 및 수정

진노(震怒)와 분노(忿怒, 憤怒)의 '怒'는 '노할 노' 자이다. 그런데 이 '怒' 자는 '희로애락(喜怒哀樂)'이나 '대로(大怒)'의 경우에는 속음에 따라 '로'로 쓰고 읽는다. 같은 한자를 단어에 따라 다르게 읽고 쓰는 특이한 경우이므로 주의를 요한다.

따라서 예레미야 21장 5절은 다음과 같이 고쳐 써야 한다.

⇨ 내가 든 손과 강한 팔 곧 진노와 분노와 대로로 친히 너희를 칠 것이며

■ 〈참고 1〉 '진노'의 한자 표기

예레미야 21장 5절의 진노의 한자 표기를 확인하기 위해 국한문 성경(개역 한글판)을 확인해 보니, 이 부분이 개역 개정과 다르게 '怒'와 '忿'과 '大怒'로 되어 있었다. '怒'가 '진노'라는 단어로 바뀐 것은 개역 개정판에 와서인 것 같다.

그런데 국어사전에는 '진노'라는 단어로 두 가지가 실려 있다.

진노[1](瞋怒/嗔怒)

「명사」 성을 내며 노여워함. 또는 그런 감정.

진노[2](震怒)

「명사」 존엄한 존재가 크게 노함.

위 구절의 진노는 하나님의 진노이므로 한자로 표기한다면 당연히 진노[2]의 '震怒'로 써야 할 것이다. 이때 '震'은 우레를 뜻한다.

■ 〈참고 2〉 본음과 속음

같은 한자를 단어에 따라 다르게 읽고 쓰는 경우가 있다. 이에 대해서 한글맞춤법 제52항은 아래와 같이 규정하고 있다.

제52항 한자어에서 본음으로도 나고 속음으로도 나는 것은 각각 그 소리에 따라 적는다.

(본음으로 나는 것)	(속음으로 나는 것)
승낙(承諾)	수락(受諾), 쾌락(快諾), 허락(許諾)
만난(萬難)	곤란(困難), 논란(論難)
안녕(安寧)	의령(宜寧), 회령(會寧)
분노(忿怒)	대로(大怒), 희로애락(喜怒哀樂)
토론(討論)	의논(議論)
오륙십(五六十)	오뉴월, 유월(六月)
목재(木材)	모과(木瓜)
십일(十日)	시방정토(十方淨土), 시왕(十王), 시월(十月)
팔일(八日)	초파일(初八日)

'그적거리다'라는 단어는 없다

■ 관련 구절

✣ 사무엘상 21:13

그들 앞에서 그의 행동을 변하여 미친 체하고 대문짝에 그적거리며 침을 수염에 흘리매

■ 검토 및 수정

다윗이 사울을 두려워하여 가드 왕 아기스에게 피했을 때, 다윗은 신하들의 의심을 피하기 위해 일부러 미친 것처럼 행동한다.

그런데 이 구절의 '그적거리다'라는 말은 사전에도 없는 말이다. 문맥으로 보면 다윗이 대문에 무슨 되지도 않은 낙서 같은 것을 하며 미친 척한 것 같은데, 이럴 때 쓸 수 있는 말

은 '긁적거리다'나 '끼적거리다' 정도일 것이다.

참고로 〈공동번역〉에는 '성문짝에 글자를 되는대로 써 갈기기도 하고'로, 〈표준새번역〉에는 '아무렇게나 글자를 긁적거리기도'로 번역하였다. 영역본에는 'making marks'(NIV)나 'scrabbled'(KJV)로 되어 있다.

이상을 고려하여 위 구절을 다음과 같이 수정해 본다.

⇨ 그들 앞에서 그의 행동을 변하여 미친 체하고 대문짝에 끼적거리며 침을 수염에 흘리매

'잔멸'일까,
'진멸'일까

■ 관련 구절

✣ 사도행전 8:3

사울이 교회를 잔멸할새 각 집에 들어가 남녀를 끌어다가 옥에 넘기니라

■ 검토 및 수정

국어사전에는 '잔멸'을 이렇게 풀이하고 있다.

> **잔멸**(殘滅)
>
> 1. 힘이나 세력 따위가 차차 약해져서 다 없어짐.
> 2. 침략당하여 멸망함.
>
> -〈고려대 한국어대사전〉

그 밖의 어떤 사전의 풀이로 보아도 위의 사도행전의 경우와는 맞지 않다. 이는 당연히 '다 죽여 없애다'의 뜻을 가진 타동사 '진멸(殄滅, 또는 盡滅)할새'로 써야 한다.

⇨ 사울이 교회를 진멸할새 각 집에 들어가 남녀를 끌어다가 옥에 넘기니라

'일깨지'는 '깨어 있지'로 써야

■ 관련 구절

✣ 요한계시록 3:3

그러므로 네가 어떻게 받았으며 어떻게 들었는지 생각하고 지켜 회개하라 만일 일깨지 아니하면 내가 도둑같이 이르리니 어느 때에 네게 이를는지 네가 알지 못하리라

■ 검토 및 수정

우선 '일깨지'라는 단어 자체가 부자연스럽다. '일깨다'는 '일깨우다'의 사투리이거나 '일찍 깨다'의 뜻인데, 둘 중 어느 경우도 위의 구절과 맞지 않다. 〈공동번역〉이나 〈표준새번역〉에는 '깨어 있지'로 되어 있고, 〈NIV〉에는 'wake up', 〈KJV〉에는 'watch'로 번역되어 있는 점을 고려하면, '깨어 있지' 정도가 무난한 것 같다.

⇨ 그러므로 네가 어떻게 받았으며 어떻게 들었는지 생각하고 지켜 회개하라 만일 깨어 있지 아니하면 내가 도둑같이 이르리니 어느 때에 네게 이를는지 네가 알지 못하리라

'그 녀 월 일 시'?

■ 관련 구절

✣ 요한계시록 9:15

네 천사가 놓였으니 그들은 그 년 월 일 시에 이르러 사람 삼분의 일을 죽이기로 준비된 자들이더라

■ 검토 및 수정

우리말에서는 '해'나 '달'을 꾸며서 말할 때 '이 해', '그 해', '한 달', '두 달' 등으로 고유어 계열의 관형사를 붙여서 말하지, 고유어와 한자어를 뒤섞어 '이 년', '그 년', '한 월', '두 월'이라고 하지 않는다.

이것은 언어의 고정된 습관으로, 예를 들어 5시 5분을 한국인이라면 누구나 '다섯 시 오 분'이라고 읽지, '오 시 다섯

분'이라고 읽지 않는 것과 같은 것이다.

위의 요한계시록 9장 15절은 〈공동번역〉에는 '정해진 연월일시'로, 〈표준새번역〉에는 '그 해, 그 달, 그 날, 그 때'로 번역되어 있다.

이상을 고려할 때 위의 구절은 다음과 같이 고치는 것이 더 자연스럽겠다는 생각이다.

⇨ 네 천사가 놓였으니 그들은 그해 그달, 그날 그때에 이르러 사람 삼분의 일을 죽이기로 준비된 자들이더라

덧붙이자면 '그해', '그달', '그날', '그때'는 모두 합성어이므로 붙여 쓴다.

II.

문장 차원의 오류 및 기타

▶ 최초 성경 〈예수셩교 누가복음 젼셔〉 첫 부분(대한성서공회의 사진)

낳고 낳고 또 낳으니라

■ 관련 구절

✣ 룻기 4:18–22

18 베레스의 계보는 이러하니라 베레스는 헤스론을 낳고
19 헤스론은 람을 낳았고 람은 암미나답을 낳았고
20 암미나답은 나손을 낳았고 나손은 살몬을 낳았고
21 살몬은 보아스를 낳았고 보아스는 오벳을 낳았고
22 오벳은 이새를 낳고 이새는 다윗을 낳았더라

■ 검토 및 수정

룻이 다윗의 조상임을 밝히는 계보 풀이다. 그런데 여기서 시제가 일관성이 없이 사용되어 좀 이상하다. 대부분 과거형으로 '낳았고'인데 18절과 22절에서만 현재형으로 '낳고'가 사용되었다. 이런 경우는 계보 풀이라는 역사적 설명이므

로 굳이 과거형으로 하지 않고 현재형으로 쓰는 것이 더 낫겠다는 생각이다. 비슷한 계보 풀이인 마태복음 1장도 현재형 '낳고'로 일관되게 서술하고 있다.

이에 따라 위 구절을 수정하면

18 베레스의 계보는 이러하니라 베레스는 헤스론을 낳고
19 헤스론은 람을 낳고 람은 암미나답을 낳고
20 암미나답은 나손을 낳고 나손은 살몬을 낳고
21 살몬은 보아스를 낳고 보아스는 오벳을 낳고
22 오벳은 이새를 낳고 이새는 다윗을 낳으니라

■ 〈참고〉 모세의 성(姓)은 무엇일까

성경의 족보를 보면 '아브라함은 이삭을 낳고, 이삭은 야곱을 낳고 야곱은 유다와 그 형제를 낳고' 등으로 죽 이어진다. 그러면 이삭의 성(姓)은 아브라함일까? 유다와 그 형제들의 성(姓)은 모두 야곱일까? 그런데 아무리 성경을 봐도 옛날 이스라엘 백성들에게는 성씨라는 게 있었던 것 같지 않다. 그러다 보니 족보를 말할 때는 다음처럼 복잡해지는 것이었다.

하나님의 성전을 맡은 자 아사랴이니 그는 힐기야의 아들이요 므술람의 손자요 사독의 증손이요 므라욧의 현손이요

아히둡의 오대손이며
또 아다야이니 그는 여로함의 아들이요 바스훌의 손자요 말기야의 증손이며 또 마아새니 그는 아디엘의 아들이요 야세라의 손자요 므술람의 증손이요 므실레밋의 현손이요 임멜의 오대손이며 (역대상 9장 11–12절)

그런데 요즘 이스라엘 사람들은 성씨를 가지고 있는 것 같다. 예컨대 현재 이스라엘 총리는 베냐민 네타냐후이고, 중동 전쟁에서 맹활약한 장군 이름은 모세 다얀이다.

그러면 이스라엘 사람들이 성(姓)을 만들어 쓴 것은 언제부터일까? 대체적으로는 이스라엘이 로마에 망하고 세계 각지에 흩어져 살다 보니, 각자 그 나라 법률에 맞추어 성(姓)을 만들게 되면서 이스라엘 사람들은 자연스럽게 성씨를 가지게 된 것으로 보는 것 같다. 참고로 이스라엘 역대 총리들 중 몇 사람의 이름을 보면 현재는 베냐민 네타냐후, 그 이전에는 이츠하크 라빈, 골다 메이어, 다비드 벤구리온, 모세 샤레트 등이다.

성씨가 없던 시절의 이스라엘 민족에게는 지파가 사회생활에서 대단히 중요한 의미를 가지고 있었을 것이다. 지파는 동일 조상이라는 혈연적(血緣的) 의미 외에도 같은 지역 거주의 지연(地緣), 레위인의 경우는 같은 직분에 종사하는 직분의 연(緣)까지 맺고 있으니, 이스라엘 사람들에게 지파는 성씨 이상으로 대단한 결속력의 근원이었을 것이다. 이러한 특유의 결속력이 있었기에 사사기 20장의 이스라엘과 베냐민 지파의 전쟁이나, 이스라엘 왕국의 지파별 분열 같은 사건이 그야말로 '지파적으로' 일어날 수 있었을 것이다.

구제에 빠진 걸까,
구제에서 빠진 걸까

■ 관련 구절

✣ 사도행전 6:1

그 때에 제자가 더 많아졌는데 헬라파 유대인들이 자기의 과부들이 매일의 구제에 빠지므로 히브리파 사람을 원망하니

■ 검토 및 수정

앞뒤 문맥을 보면 헬라파 유대인들이 자기의 과부들이 구제에서 제외되어 원망했다는 뜻이다. 그렇다면 '구제에 빠지므로'가 아니라 '구제에서 빠지므로(또는 빠졌으므로)'라고 해야 한다. '구제에 빠졌다'고 하면 구제하는 일에 아주 빠져 열심히 한다는 말이고 '구제에서 빠졌다'고 하면 구제를 할 수 없게, 또는 받을 수 없게 제외되었다는 뜻이니 정반대의 뜻이 된다. 문맥으로 본다면 '구제를 할 수 없게'보다는 '구제를 받을

수 없게' 되었다는 것이 더 정확하다고 생각된다.

참고로 〈공동번역〉에는 '배급받을 때마다 푸대접을 받았다'로 번역되어 있고, 〈표준새번역〉에는 '구제하는 일에 있어서 자기네 과부들이 소홀히 여김을 받았기 때문'으로 번역되어 있다.

이상을 고려하여 위 본문을 다음과 같이 수정할 수 있을 것이다.

⇨ 그때에 제자가 더 많아졌는데 헬라파 유대인들이 자기의 과부들이 매일의 구제에서 빠지므로(혹은 구제에서 소외되므로) 히브리파 사람을 원망하니('그때'는 붙여서 쓴다.)

서술어가 사라졌다

■ 관련 구절

✣ 사무엘상 6:18

드린 바 금 쥐들은 견고한 성읍에서부터 시골의 마을에까지 그리고 사람들이 여호와의 궤를 큰 돌에 이르기까지 다섯 방백들에게 속한 블레셋 사람들의 모든 성읍들의 수대로였더라 그 돌은 벧세메스 사람 여호수아의 밭에 오늘까지 있더라

■ 검토 및 수정

이 구절을 유심히 읽으면 누구나 조금 어리둥절할 것이다. '궤를 큰 돌에 이르기까지'라는 구절이 의미가 통하지 않기 때문이다. 이 구절에는 당연히 있어야 할 서술어가 누락되어 있기 때문이다.

서술어가 없는 문장이란 있을 수 없다. 앞뒤 문맥으로 짐작할 수 있거나 중복될 때 생략될 수는 있어도, 처음부터 서술어가 없는 문장이란 머리 없는 사람처럼 아예 존재할 수 없는 것이다.

사무엘상 6장 18절의 '궤를 큰 돌에'는 문맥으로 보아 서술어 '놓은'이 빠진 것으로 보인다. 따라서 이 구절은 '궤를 놓은 큰 돌에'라고 해야 맞다.

그런데 〈개역 개정〉 이전의 〈개역 한글〉 성경을 확인해 보니, 분명히 '궤를 놓은 큰 돌에'라고 되어 있다. 〈개역 개정〉으로 바꾸는 과정에서 실수가 있었던 것 같다.

이에 따라 위 구절을 수정해 보면

⇨ 드린 바 금 쥐들은 견고한 성읍에서부터 시골의 마을에까지 그리고 사람들이 여호와의 궤를 놓은 큰 돌에 이르기까지 다섯 방백들에게 속한 블레셋 사람들의 모든 성읍들의 수대로였더라 그 돌은 벧세메스 사람 여호수아의 밭에 오늘까지 있더라

(이 구절도 〈개역 개정〉 가장 최근의 판본에는 '놓은'이 다시 복원되어 있는 것으로 확인된다.)

주어와 서술어의 불일치

■ 관련 구절

✣ 요한복음 13:21-26

21 예수께서 이 말씀을 하시고 심령이 괴로워 증언하여 이
르시되 내가 진실로 진실로 너희에게 이르노니 너희 중 하나
가 나를 팔리라 하시니
22 제자들이 서로 보며 누구에게 대하여 말씀하시는지 의
심하더라
23 예수의 제자 중 하나 곧 그가 사랑하시는 자가 예수의
품에 의지하여 누웠는지라
24 시몬 베드로가 머릿짓을 하여 말하되 말씀하신 자가 누
구인지 말하라 하니
25 그가 예수의 가슴에 그대로 의지하여 말하되 주여 누구
니이까

26 예수께서 대답하시되 내가 떡 한 조각을 적셔다 주는 자가 그니라 하시고 곧 한 조각을 적셔서 가룟 시몬의 아들 유다에게 주시니

■ **검토 및 수정**

이 구절은 언뜻 보면 잘못된 곳이 없는 것 같다. 그러나 자세히 읽어 보면 어딘가 이상하다. 24절을 보면 베드로가 (요한에게) 머릿짓을 하여 말씀하신 자(즉 예수님을 팔 자)가 누구인지 말하라고 한 것으로 되어 있다. 그런데 이 구절대로 한다면 예수님을 팔 자가 누구인지 요한에게 말하라고 한 것이 되니 사리에 맞지 않는 말이 된다. 당연히 그가 누구인지는 예수님이 말해야 할 텐데, 그렇다고 베드로가 예수님께 직접 말하라고 한 상황도 아니다.

앞뒤 문맥으로 보면 베드로는 요한한테 예수님을 팔 자가 누구인지 예수님께 여쭈어보라고 한 것이다. 그렇다면 서술어가 '말하라'가 아닌, 예수님께 '여쭈어보라'가 되어야 맞다.

이상을 고려하여 위 구절은 다음과 같이 수정되어야 할 것이다.

⇨ 시몬 베드로가 머릿짓을 하여 (요한에게) 말하되 말씀하신 자가 누구인지 (예수님께) 여쭈어보라 하니

참고로 위 구절은 〈공동번역〉과 〈표준새번역〉에는 다음과 같이 되어 있다.

〈공동번역〉

24 그래서 시몬 베드로가 그에게 눈짓을 하며 누구를 두고 하시는 말씀인지 여쭈어보라고 하였다.

〈표준새번역〉

24 시몬 베드로가 그에게 고갯짓을 하여, 누구를 두고 하시는 말씀인지 여쭈어보라고 하였다.

'갓 자손'의 실종 사건

■ 관련 구절

✣ 여호수아 22:9–11

9 르우벤 자손과 갓 자손과 므낫세 반 지파가 가나안 땅
실로에서 이스라엘 자손을 떠나 여호와께서 모세에게 명령
하신 대로 받은 땅 곧 그들의 소유지 길르앗으로 가니라
10 르우벤 자손과 므낫세 반 지파가 가나안 땅 요단 언덕
가에 이르자 거기서 요단 가에 제단을 쌓았는데 보기에 큰
제단이었더라
11 이스라엘 자손이 들은즉 이르기를 르우벤 자손과 갓 자
손과 므낫세 반 지파가 가나안 땅의 맨 앞쪽 요단 언덕 가 이
스라엘 자손에게 속한 쪽에 제단을 쌓았다 하는지라

■ 검토 및 수정

여호수아 22장 9-11절을 보면 '르우벤 자손과 갓 자손과 므낫세 반 지파'의 행적이 나오는데, 유독 10절에만 '갓 자손과'라는 말이 빠져 있다. 그러나 〈공동번역〉, 〈표준새번역〉, 〈NIV〉, 〈KJV〉에는 모두 10절에 '갓 자손'이 들어 있고 원어 성경에도 역시 '갓 자손'은 있는 것으로 확인된다. 이는 아마도 번역 과정에서 실수로 누락된 것으로 보인다. 만약 전체를 이어서 읽지 않고 10절만 인용한다면 심각한 문제가 될 수 있으므로, 마땅히 '갓 자손과'라는 말이 복원되어야 할 것이다.

이에 따라 위 구절의 10절만을 수정해 보면

✣ 여호수아 22:10

⇨ 르우벤 자손과 갓 자손과 므낫세 반 지파가 가나안 땅 요단 언덕 가에 이르자 거기서 요단 가에 제단을 쌓았는데 보기에 큰 제단이었더라

참고로 이 부분은 〈개역 한글〉에서도 '갓 자손과'가 누락되어 있다. 그러나 가장 최근 판의 〈개역 개정〉에는 '갓 자손과'가 들어가 있다. 하지만 대부분의 기독교인들이 가지고 있는

성경에는 아직도 '갓 자손과'가 누락이 되어 있을 것이므로 주의를 환기할 필요가 있다.

불필요한 조사로 인한 의미의 혼선

■ 관련 구절

✣ 역대상 25:9–31

9 첫째로 제비 뽑힌 자는 아삽의 아들 중 요셉이요 둘째는
그달리야이니 그와 그의 형제들과 아들들 십이 명이요
10 셋째는 삭굴이니 그의 아들들과 형제들과 십이 명이요
11 넷째는 이스리이니 그의 아들들과 형제들과 십이 명이요
…
30 스물셋째는 마하시옷이니 그의 아들들과 형제들과 십
이 명이요
31 스물넷째는 로맘디에셀이니 그의 아들들과 형제들과
십이 명이었더라

■ 검토 및 수정

역대상에는 여호와 찬송하기를 배워 익숙한 자 288명의 가족별 수효가 나온다. 그런데 여기서는 '과'라는 조사가 불필요하게 사용되어 혼선을 일으키고 있다. 10절을 예로 들면 '셋째는 삭굴이니 그의 아들들과 형제들과 십이 명이요'라고 되어 있어 형제들 외에 12명이 더 있다는 것인지, 그러면 전체가 몇 명인지 불분명한데, 내용으로 보아 24가족에 288명이면 가족별로 12명씩이라는 말이 되는 것이니, 10절의 마지막 '과'는 불필요한 말이다. '과'를 빼고 그냥 '셋째는 삭굴이니 그의 아들들과 형제들 십이 명이요'라고 하는 것이 좋겠다. 9절에서 31절까지 모두 마찬가지다. 〈공동번역〉, 〈표준새번역〉, 〈NIV〉, 〈KJV〉에는 모두 '과'라는 조사 없이 자연스럽게 번역되어 있다.

이상을 고려하여 위 구절 중 일부만을 다듬어 보면

✣ 역대상 25:10-11

⇨ 10 셋째는 삭굴이니 그의 아들들과 형제들 십이 명이요
11 넷째는 이스리이니 그의 아들들과 형제들 십이 명이요

암몬 자손 '중(中)과'?

■ 관련 구절

✣ 예레미야 40:11

모압과 암몬 자손 중과 에돔과 모든 지방에 있는 유다 사람도 바벨론의 왕이 유다에 사람을 남겨 둔 것과 사반의 손자 아히감의 아들 그다랴를 그들을 위하여 세웠다 함을 듣고

■ 검토 및 수정

이 문장에서 '중(中)'이라는 말은 참으로 애매모호하게 사용되었다. 그 의미도 모호하고, 사용 위치도 애매하다. 대체 이 '모압과 암몬 자손 중과 에돔과'라는 말은 암몬 자손은 그들 중의 일부이고, 모압과 에돔 사람은 전부라는 말일까, 아니면 모압과 암몬은 일부이고, 에돔 사람은 전부라는 말일까? 하필 암몬에만 자손이라고 한 이유는 무엇일까?

〈표준국어대사전〉은 '중(中)'의 뜻과 쓰임새를 다음과 같이 풀이하고 있다.

중[2] (中)

1. 「명사」 등급, 수준, 차례 따위에서 가운데.
2. 「명사」 규모나 크기에 따라 큰 것, 중간 것, 작은 것으로 구분하였을 때에 중간 것을 이르는 말.
3. 「의존명사」 여럿의 가운데.
4. 「의존명사」 무엇을 하는 동안.

이 중 본문의 '중'에 해당하는 것은 당연히 세 번째 풀이겠지만, 그렇게 해도 뜻이 통하지 않기는 마찬가지다. '모압과 암몬 자손 가운데와 에돔'도 모호하기는 마찬가지기 때문이다. 이래저래 '중'이 중간에 애매하게 끼어들어서 문제인 것이다.

그렇다면 다른 번역본에는 어떻게 되어 있는지 확인해 보자.

〈공동번역〉

모압과 암몬과 에돔과 그 밖의 여러 나라에 망명갔던 유다 사람들도

〈표준새번역〉

모압과 암몬의 자손과 에돔과 그 밖에 여러 나라에 흩어져 있는 모든 유다 사람도

〈NIV〉

all the Jews in Moab, Ammon, Edom and all the other countries

〈KJV〉

all the Jews that (were) in Moab, and among the Ammonites, and in Edom, and that (were) in all the other countries

이 중 〈KJV〉를 보면 모압, 에돔 및 유대는 지역명으로 표기되어 있는데, 암몬만이 민족명인 'the Ammonites'로 되어 있고, 그에 따라 전치사도 'in'이 아닌 'among'을 쓰고 있음을 알 수 있다. 이런 차이가 〈개역 개정〉에 그대로 반영되다 보니 다소 억지스러운 표현이 되지 않았나 생각된다. 왜 하필 암몬만을 지역명이 아닌 민족명을 썼는지는 필자로서는 알 길이 없다. 암몬은 일정한 지역에 모여 있지 않고 여러 곳에 흩어져 있었기 때문일까? 그러나 〈NIV〉를 보면 모압, 암몬, 에돔과 유다까지 모두 지역명으로 되어 있다.

그렇다면 이 부분은 모두 지역명으로 통일하여 번역하거나 굳이 암몬만 민족명으로 쓰려면 좀 더 명료한 표현으로 써야 할 것이다. 이에 따라 위의 구절을 다듬어 보면

⇨ 모압과 암몬과 에돔과 모든 지방에 있는 유다 사람도 바벨론의 왕이 유다에 사람을 남겨 둔 것과 사반의 손자 아히감의 아들 그다랴를 그들을 위하여 세웠다 함을 듣고

혹은

⇨ 모압 거주민과 암몬 민족과 에돔 거주민과 모든 지방에 있는 유다 사람도 바벨론의 왕이 유다에 사람을 남겨 둔 것과 사반의 손자 아히감의 아들 그다랴를 그들을 위하여 세웠다 함을 듣고

이 부분의 수정은 구약 성경 원문과 성경 역사에 근거한 성경학자들의 좀 더 세밀한 검토가 뒷받침되어야 할 것 같다.

'자손 중'이 아니라 '자손 보는 데서'

■ 관련 구절

✣ 신명기 32:51

이는 너희가 신 광야 가데스의 므리바 물 가에서 이스라엘 자손 중 내게 범죄하여 내 거룩함을 이스라엘 자손 중에서 나타내지 아니한 까닭이라

■ 검토 및 수정

여기서도 '중'은 그야말로 애매모호하게 사용되었다. 바로 앞의 예레미야 40장 11절을 살필 때도 언급했지만, '중(中)'은 의존명사로서 '여럿의 가운데'라는 뜻이다. 그렇다면 이 구절에서는 '이스라엘 자손 중'이 범죄를 저지른 주어가 된다.

그러나 문맥과 상황, 기타 번역본을 참고하면 여기서 '중'

은 '여럿의 가운데'가 아니라 '보는 가운데'라는 부사적인 의미를 나타내기 위해 사용된 것 같다. 이 부분이 〈공동번역〉에는 '이스라엘 백성이 둘러선 가운데'로, 〈표준새번역〉에는 '이스라엘 자손이 보는 데서'로 되어 있고, 〈NIV〉에는 'in the presence of the Israelites'로, 〈KJV〉에는 'among the children of Israel'로 되어 있다.

그러므로 이 구절은 의미의 혼란을 막기 위해 다음과 같이 수정하는 것이 좋을 것 같다.

⇨ 이는 너희가 신 광야 가데스의 므리바 물가에서 이스라엘 자손 보는 데서 내게 범죄하여 내 거룩함을 이스라엘 자손 중에서 나타내지 아니한 까닭이라

주동과 사동의 혼동

■ 관련 구절

✣ 민수기 8:22

후에 레위인이 회막에 들어가서 아론과 그의 아들들 앞에서 봉사하니라 여호와께서 레위인의 일에 대하여 모세에게 명령하게 하신 것을 따라 그와 같이 그들에게 행하였더라

■ 검토 및 수정

이 구절에서 명령은 모세가 한 것일까, 하나님이 하신 것일까? 문장으로만 보면 명령한 것은 모세고, 그렇게 명령하도록 하나님이 시키셨다는 말이 되는데, 앞뒤 문맥을 보면 그렇지도 않은 것 같다. 같은 장의 20절에는 이렇게 되어 있다.

20 모세와 아론과 이스라엘 자손의 온 회중이 여호와께서 레위인에 대하여 모세에게 명령하신 것을 다 따라 레위인에게 행하였으되 곧 이스라엘 자손이 그와 같이 그들에게 행하였더라

20절에 따르면 명령의 주체는 여호와이시지 모세가 아니다. 그렇다면 22절에서도 모세가 명령의 주체가 될 수는 없으므로 '모세에게 명령하게 하신 것'이라는 표현은 당연히 '모세에게 명령하신'으로 수정되어야 할 것이다.

참고로 22절을 다른 번역본에서 보면 해당 부분은 다음과 같이 되어 있다.

〈공동번역〉

야훼께서 레위인에게 해 주라고 모세에게 지시하신 대로

〈표준새번역〉

주께서 모세를 시켜, 레위 사람에게 해 주라고 지시하신 그 대로

〈NIV〉

…just as the LORD commanded Moses

〈KJV〉

…as the LORD commanded Moses

이상을 고려하여 위의 22절은 사동(使動)이 아닌 주동(主動)의 형태로 수정되어야 할 것이다.

⇨ 후에 레위인이 회막에 들어가서 아론과 그의 아들들 앞에서 봉사하니라 여호와께서 레위인의 일에 대하여 모세에게 명령하신 것을 따라 그와 같이 그들에게 행하였더라

■ 〈참고〉 주동과 사동, 능동과 피동

우리말에서 어떤 동작을 주체가 스스로 하는 경우는 주동(主動)이고, 남으로 하여금 그 동작을 하도록 하는 것은 사동(使動)이다. 한편 어떤 동작을 남에게 당하는 것은 피동(被動)이고, 그 동작을 스스로 하는 것은 능동(能動)이다. 주동과 능동은 각각 사동, 피동에 상대되는 말로 쓰지만, 주동과 능동은 실질적으로는 같다.

예컨대 '먹다'는 주동이자 능동이고 '먹이다'는 사동이며, '먹히다'는 피동이다. 예수님은 어린 소년의 떡 다섯 조각과 물고기 두 마리로 5,000명을 먹이신 위대한 기적을 행하셨다. 우리 기독교인들은 먹거나 먹히는 주동과 피동의 삶에만 빠져 있을 것이 아니라, 예수님처럼 가난한 사람을 먹이는 사동의 삶을 살아야 할 것이다.

'말씀'의 두 가지 쓰임새

■ 관련 구절

✣ 욥기 13:3

참으로 나는 전능자에게 말씀하려 하며 하나님과 변론하려 하노라

■ 검토 및 수정

우리말에서 '말씀'은 남의 말을 높이거나 자신의 말을 낮출 때 쓰는 말이다. 그러니까 똑같은 단어가 상황에 따라 높임말도 되고 낮춤말도 되는 것이다. 이에 따라 높임말로 쓰일 때는 동사 '말씀하다'를 쓰고 낮춤말로 쓸 때는 '말씀드리다'를 쓴다. 이것은 한국인이라면 누구나 다 알고 정확하게 쓰고 있는 상식적 용법이다.

그런데 욥기 13장 3절에서 욥은 하나님 앞에서 자기가 '말씀하려' 한다고 말한다. 이렇게 되면 욥이 하나님보다 더 높은 존재가 되니, 이것은 우리말의 높임법으로 볼 때 매우 부적절한 표현이다. 당연히 이 구절은 '말씀드리려', 또는 '말씀을 올리려'가 되어야 할 것이다.

이 부분은 〈공동번역〉에는 '하느님께 드릴 말씀을 다 드리려네'로 되어 있고, 〈표준새번역〉에는 '전능하신 분께 말씀드리고 싶고'로 되어 있다.

이상을 고려하여 욥기 13장 3절은 다음과 같이 수정하는 것이 좋겠다.

⇨ 참으로 나는 전능자에게 말씀드리려 하며 하나님과 변론하려 하노라

■ 〈참고〉 '목사님, 물어볼 게 있어요'라는 아이들

우리말의 높임법은 문장의 주어를 높이는 주체높임법과 듣는 이를 높이는 상대높임법, 그리고 특수 어휘에 의한 높임법의 세 가지 형태가 있다. 주체높임법은 선어말어미인 '-시-'를 사용하고, 상대높임법은 상대방과의 관계에 따라 아

주높임(하십시오), 예사높임(하오), 예사낮춤(하게), 아주낮춤(해라), 두루높임(해요), 두루낮춤(해) 등의 등급이 있다.

특수 어휘에 의한 높임법은 별도의 특수 어휘에 의해 상대방을 높이거나 자신을 낮추는 방법으로 대표적인 예로는 다음과 같은 것들이 있다.

나/저, 우리/저희, 밥/진지, 이/치아, 병/병환, 집/댁, 있다/계시다, 먹다/잡수시다, 주다/드리다, 자다/주무시다, 보다/뵙다, 묻다/여쭙다 등.

기성세대에게는 이런 높임법이 대체로 익숙하지만, 요즘 아이들 중에는 "제가 말씀할게요."라거나 "목사님, 물어볼게 있는데요."라고 하는 아이들도 많다.

직접 명령과 간접 명령

■ 관련 구절

✣ 에스겔 3:1-3

1 또 그가 내게 이르시되 인자야 너는 발견한 것을 먹으라
너는 이 두루마리를 먹고 가서 이스라엘 족속에게 말하라 하
시기로
2 내가 입을 벌리니 그가 그 두루마리를 내게 먹이시며
3 내게 이르시되 인자야 내가 네게 주는 이 두루마리를 네
배에 넣으며 네 창자에 채우라 하시기에 내가 먹으니 그것이
내 입에서 달기가 꿀 같더라

✣ 사도행선 3장 6절

베드로가 이르되 은과 금은 내게 없거니와 내게 있는 이것을 네게 주노니 나사렛 예수 그리스도의 이름으로 일어나 걸

으라 하고

■ 검토 및 수정

우리말의 명령법에는 직접 명령과 간접 명령의 두 가지가 있다. 직접 명령은 화자가 청자를 보고 직접 요구하는 경우이고, 간접 명령은 매체를 통한 간접적 발화 상황, 즉 신문 기사의 제목이나 시위 구호, 플래카드, 책 제목, 시험 문제 같은 경우에 사용된다.

직접 명령은 화자와 청자의 관계에 따라 '하십시오', '하오', '하게', '해라', '해요', '해' 등의 다양한 형태를 나타내지만, 간접 명령은 동사의 어간에 어미 '-(으)라'를 붙인 형태로 나타난다. 대표적인 간접 명령의 예를 든다면

* 다음 물음에 알맞은 답을 고르라. (시험 문제)
* 정부는 언론 탄압 중지하라. (시위 구호)
* 「응답하라, 1988」 (드라마 제목)

청자에게 직접 명령한 경우라도 인용문에서는 간접 명령으로 형태가 바뀔 때도 있다. 이때는 조사 '고'를 쓴다. 그러나 명령문을 문장 그대로 직접 인용할 때는 인용 부호와 함

께 조사 '라고'나 '하고'를 쓴다.

예컨대 선생님이 학생들에게 "학창 시절에 책을 많이 읽어라."라고 했을 경우

* 직접 인용

: 선생님께서 우리들에게 "학창 시절에 책을 많이 읽어라."라고 하셨다.

* 간접 인용

: 선생님께서 우리들에게 학창 시절에 책을 많이 읽으라고 하셨다.

성경의 명령문은 대개 간접 명령인 경우가 많다. 그러나 위 구절의 경우 에스겔서에서는 하나님이 청자인 에스겔을 '인자야'라고 부르시면서 발견한 것을 먹으라고 직접 요구하는 상황이고, 사도행전에서는 베드로가 성전에 들어가다가 나오면서 못 걷게 된 이를 만나서 그에게 직접 일어나라고 명령하고 있는 상황이며, 그 명령의 문장을 직접 인용으로 기술하고 있다. 따라서 이 경우는 당연히 직접 명령을 써야 하는 상황으로, 이런 경우에 간접 명령을 쓰는 것은 매우 부

자연스럽다. 마치 게임하느라 밥 안 먹고 속을 썩이는 아들을 보고 엄마가 '아들은 지금 즉시 밥을 먹으라'라고 간접적으로 요구할 수 없는 것과 같은 이치다.

참고로 〈공동번역〉과 〈표준새번역〉에는 위의 에스겔서와 사도행전의 해당 부분이 모두 직접 명령으로 되어 있다.

이상을 고려하여 위 구절을 수정해 보면

✣ 에스겔 3장 1-3절

⇨ 1 또 그가 내게 이르시되 인자야 너는 발견한 것을 먹어라 너는 이 두루마리를 먹고 가서 이스라엘 족속에게 말하여라 하시기로
2 내가 입을 벌리니 그가 그 두루마리를 내게 먹이시며
3 내게 이르시되 인자야 내가 네게 주는 이 두루마리를 네 배에 넣으며 네 창자에 채워라 하시기에 내가 먹으니 그것이 내 입에서 달기가 꿀 같더라

✣ 사도행전 3장 6절

⇨ 베드로가 이르되 은과 금은 내게 없거니와 내게 있는 이것을 네게 주노니 나사렛 예수 그리스도의 이름으로 일어나 걸어라 하고

성경에는 이 외에도 직접 명령과 간접 명령이 혼선을 빚는 구절들이 매우 많지만, 여기에서는 위의 두 구절만 예로 들었다.

완전 부정과 부분 부정

■ 관련 구절

✣ 로마서 10:16

그러나 그들이 다 복음을 순종하지 아니하였도다 이사야가 이르되 주여 우리가 전한 것을 누가 믿었나이까 하였으니

■ 검토 및 수정

여기서 복음을 순종하지 않은 사람은 얼마나 될까? 이 문장 그대로 하면 복음을 순종한 사람은 한 명도 없다는 말이 된다. 그러나 앞뒤 문맥으로 보면 복음을 순종하지 않은 사람은 전체가 아닌, 그들 중 일부인 것 같다. 즉 완전 부정이 아니라 부분 부정의 상황으로 생각된다.

이를 확인하기 위해 다른 번역본의 해당 부분을 찾아보면

〈공동번역〉

그러나 모든 사람이 다 그 복음을 받아들인 것은 아닙니다.

〈표준새번역〉

그러나 모든 사람이 다 복음에 순종한 것은 아닙니다.

〈NIV〉

But not all the Israelites accepted the good news.

〈KJV〉

But they have not all obeyed the gospel.

이상을 고려해 볼 때 로마서 10장 16절도 부분을 한정하는 조사 '은/는'을 사용하여 수정해야 할 것으로 생각된다.

⇨ 그러나 그들이 다 복음을 순종하지는 아니하였도다 이사야가 이르되 주여 우리가 전한 것을 누가 믿었나이까 하였으니

우리 '같이' 놀아요

■ **관련 구절**

✣ 창세기 3:22

여호와 하나님이 이르시되 보라 이 사람이 선악을 아는 일에 우리 중 하나 같이 되었으니 그가 그의 손을 들어 생명 나무 열매도 따먹고 영생할까 하노라 하시고

■ **검토 및 수정**

개역 개정 성경에는 띄어쓰기가 잘못된 곳이 많다. 띄어쓰기쯤이야 성경을 읽는 데 무슨 큰 문제가 되느냐고 할 수도 있지만, 경우에 따라서는 띄어쓰기의 차이로 문장의 의미가 완전히 달라지는 일도 많다. 여기서 그 모두를 일일이 거론할 수는 없고 대표적인 사례 몇 가지만을 살펴보기로 한다.

창세기 3장 22절의 '하나 같이'는 붙여서 '하나같이'로 써야 한다. '같이'는 부사로 쓰일 때가 있고 조사로 쓰일 때가 있는데, 부사일 때는 띄어서 쓰고, 조사일 때는 붙여서 써야 하며, 그 뜻도 다르다. 〈표준국어대사전〉은 '같이'를 이렇게 풀이하고 있다.

같이

I. 「부사」 (주로 격 조사 '과'나 여럿임을 뜻하는 말 뒤에 쓰여)

1. 둘 이상의 사람이나 사물이 함께.

예) 친구와 같이 사업을 하다.

2. 어떤 상황이나 행동 따위와 다름이 없이.

예) 선생님이 하는 것과 같이 하세요.

II. 「조사」 (체언 뒤에 붙어)

1. '앞말이 보이는 전형적인 어떤 특징처럼'의 뜻을 나타내는 격 조사.

예) 얼음장같이 차가운 방바닥.

2. (때를 나타내는 일부 명사 뒤에 붙어) 앞말이 나타내는 그때를 강조하는 격 조사.

예) 새벽같이 떠나다.

그러니까 '우리 같이 놀아요'처럼 띄어서 쓸 때는 부사로서, '함께 놀자'는 뜻이지만, '우리같이 놀아요'처럼 붙여서 쓰면 조사로서, '우리처럼' 놀라는 뜻이 된다. 띄어쓰기의 차이로 이렇게 의미가 달라지는 것이다.

창세기 3장 22절의 경우는 문맥으로 보아 '우리 중 하나처럼'이라는 뜻이니 당연히 다음과 같이 붙여서 써야 한다.

⇨ 여호와 하나님이 이르시되 보라 이 사람이 선악을 아는 일에 우리 중 하나같이 되었으니 그가 그의 손을 들어 생명 나무 열매도 따먹고 영생할까 하노라 하시고

■ **〈참고〉 띄어쓰기의 원칙**

한글맞춤법 총칙은 다음과 같이 되어 있다.

제1장 총칙

제1항 한글 맞춤법은 표준어를 소리대로 적되, 어법에 맞도록 함을 원칙으로 한다.

제2항 문장의 각 단어는 띄어 씀을 원칙으로 한다.

제3항 외래어는 '외래어 표기법'에 따라 적는다.

그리고 제5장 띄어쓰기의 제41항은 다음과 같다.

제41항 조사는 그 앞말에 붙여 쓴다.

꽃이 꽃마저 꽃밖에 꽃에서부터 꽃으로만

꽃이나마 꽃이다 꽃입니다 꽃처럼

어디**까지나** 거기**도** 멀리**는** 웃고**만**

(이하 생략)

이상의 규정에 따라 우리말은 각 단어를 띄어서 쓰되, 조사는 앞말에 붙여서 쓴다고 정리할 수 있다. 띄어쓰기의 자세한 내용은 〈부록 2〉를 참조 바란다.

노력한 만큼, 노력했으니만큼

■ 관련 구절

✣ 마태복음 17:20

이르시되 너희 믿음이 작은 까닭이니라 진실로 너희에게 이르노니 만일 너희에게 믿음이 겨자씨 한 알 만큼만 있어도 이 산을 명하여 여기서 저기로 옮겨지라 하면 옮겨질 것이요 또 너희가 못할 것이 없으리라

■ 검토 및 수정

'만큼'은 의존명사('것, 데, 바' 등과 같이 독립성이 없는 명사)로 쓰이기도 하고, 조사로 쓰이기도 한다. 의존명사일 때는 앞의 말과 띄어서 써야 하지만, 조사일 때는 앞의 말에 붙여서 써야 한다. '만큼'의 뜻을 〈표준국어대사전〉에서 찾아보면

만큼

I.「의존명사」

1. (주로 어미 '-은, -는, -을' 뒤에 쓰여) 앞의 내용에 상당한 수량이나 정도임을 나타내는 말.

   예) 노력한 만큼 대가를 얻다.

2. (주로 어미 '-은, -는, -던' 뒤에 쓰여) 뒤에 나오는 내용의 원인이나 근거가 됨을 나타내는 말.

   예) 어른이 심하게 다그친 만큼 그의 행동도 달라져 있었다.

II.「조사」(체언의 바로 뒤에 붙어)

1. 앞말과 비슷한 정도나 한도임을 나타내는 격 조사.

   예) 집을 대궐만큼 크게 짓다.

사전의 설명에 따르면 마태복음 17장 3절의 '만큼'은 명사 '한 알' 뒤에 붙어 앞말과 비슷한 정도나 한도임을 나타내는 격 조사이므로 앞의 말에 붙여서 써야 한다.

⇨ …너희에게 믿음이 겨자씨 한 알만큼만 있어도 이 산을 명하여 여기서 저기로 옮겨지라 하면 옮겨질 것이요…

다음의 구절에 쓰인 '만큼'도 역시 조사인데, 여기서는 제대로 붙여서 썼다.

✣ 누가복음 12:27

백합화를 생각하여 보라 실도 만들지 않고 짜지도 아니하느니라 그러나 내가 너희에게 말하노니 솔로몬의 모든 영광으로도 입은 것이 이 꽃 하나만큼 훌륭하지 못하였느니라

'만큼'이 의존명사로 쓰인 경우는 다음과 같다.

✣ 창세기 3:6

여자가 그 나무를 본즉 먹음직도 하고 보암직도 하고 지혜롭게 할 만큼 탐스럽기도 한 나무인지라…

✣ 출애굽기 16:16

여호와께서 이같이 명령하시기를 너희 각 사람은 먹을 만큼만 이것을 거둘지니…

위의 두 구절의 경우 '만큼'은 수량이나 정도를 나타내지만, 다음의 '만큼'은 역시 의존명사로 쓰였지만 원인이나 근거를 나타내는 경우다.

✣ 미가 3:4

그때에 그들이 여호와께 부르짖을지라도 응답하지 아니하시고 그들의 행위가 악했던 만큼 그들 앞에 얼굴을 가리시리라

✣ 로마서 11:13

내가 이방인인 너희에게 말하노라 내가 이방인의 사도인 만큼 내 직분을 영광스럽게 여기노니

한편 '만큼'과 비슷한 경우로 어미인 '-(으)니만큼'도 있다. '-(으)니만큼'은 사전적으로는 이런 뜻이다.

-(으)니만큼

I. 「어미」 ('ㄹ'을 제외한 받침 있는 형용사의 어간이나 어미 '-었-', '-겠-' 뒤에 붙어)

1. 앞말이 뒷말의 원인이나 근거가 됨을 나타내는 연결 어미.

예) 올해는 날씨가 좋으니만큼 농사가 잘될 것이다.

-〈표준국어대사전〉

이처럼 '만큼'이나 '-(으)니만큼'은 의미도 다르고 띄어쓰기 방식도 다르므로 주의해야 한다. 이상의 내용을 다음과 같이 한두 문장으로 묶어서 알아 두도록 하자.

인생에서 노력만큼 중요한 것은 없다. 사람은 노력한 만큼 결실을 얻는 법이다. 너는 그동안 열심히 노력했으니만큼 이번 입시에서 좋은 결과가 있을 것이다. 네가 원하는 대학에 반드시 합격하리라 믿는다. 사랑해!

■ 〈참고〉 믿음으로 산을 옮긴 이야기

마르코 폴로의 『동방견문록』에는 믿음으로 산을 옮긴 이야기가 나온다. 그 내용을 요약하여 여기 옮겨 본다.

1255년 발다크와 모술 사이에서 일어난 일. 당시 발다크의 칼리프는 그리스도 교도를 몹시 싫어해서 이슬람으로 강제로 개종시키거나 죽이려고 방법을 찾던 중 성경에 이런 구절이 있음을 알게 된다.

'만일 너희에게 믿음이 겨자씨 한 알만큼만 있어도 이 산을 명하여 여기서 저기로 옮겨지라 하면 옮겨질 것이요' (마태복음 17:20)

칼리프는 쾌재를 부르며 그리스도 교인들을 불러 모으고는 이렇게 말한다.

'너희가 진정한 기독교인이라면 성경에 쓰여 있는 대로 앞에 있는 저 산을 옮겨라. 10일 내로 못 옮기면 모두 죽이겠다'

신자들은 두려움에 떨며 모여서 간절히 기도했다. 그렇게 8일이 지난 후 어느 사교(司敎)에게 천사가 나타나 계시를 내렸다.

'애꾸눈 구두장이가 앞에 나와서 기도하게 하라'

이 구두장이는 믿음이 매우 좋았다. 어느 날 구두를 맞추러 온 부인의 다리를 보고 그만 마음에 욕정이 생기자 멀쩡한 자기 눈을 찌르고 회개하였을 정도였다. 사교와 교인들이 구두장이에게 부탁하자 처음엔 사양하다 마침내 승낙하였다.

그리고 정해진 날이 되었다. 10만이 넘는 그리스도 교인들은 아마 그보다 더 많았을 이슬람 교도들과 칼리프 앞에서 그야말로 목숨을 걸고 기도했다. 기도가 끝나자 구두장이가 나서서 소리 높이 외쳤다.

'아버지이신 하나님, 하나님의 아들이신 그리스도, 그리고 성령의 이름으로 나는 지금 그대에게 이렇게 명령하노라. 오오 산이여, 성령의 힘으로 그 자리를 바꾸어 그쪽에서 이쪽으로 옮겨라'

그러자…

(이 부분은 『동방견문록』의 기록을 그대로 옮긴다.)

"그러자 산은 금세 무너지기 시작하여 마침내 1.6km 가량 앞으로 이동했던 것이다. 이 광경을 보고 칼리프는 물론 함께 있던 이슬람 교도들은 경악하여 그리스도 교도로 개종하는 자도 많이 있었고, 칼리프 자신도 은근히 그리스도 교도로 변했던 것이다.

(중략)

(발다크에서는) 그때 얻은 신의 은총을 축복하여 매년 엄숙히 기적 기념제를 거행했으며, 제사 전야에는 모두 굳건하게 단식하는 습관이 생겼다."*

발다크는 현재의 바그다드다. 이 이야기는 마르코폴로 자신이 '불가사의한 사건'이라며 『동방견문록』에 기록해 둔 내용이다.

---

* 이상은 마르코폴로 저/채희순 옮김, 『동방견문록』(동서문화사)에서 인용함.

선생님 없이 해요

■ 관련 구절

✣ 에스겔 16:50

거만하여 가증한 일을 내 앞에서 행하였음이라 그러므로 내가 보고 곧 그들을 없이 하였느니라

✣ 나훔 2:2

여호와께서 야곱의 영광을 회복하시되 이스라엘의 영광 같게 하시나니 이는 약탈자들이 약탈하였고 또 그들의 포도나무 가지를 없이 하였음이라

✣ 로마서 11:27

내가 그들의 죄를 없이 할 때에 그들에게 이루어질 내 언약이 이것이라 함과 같으니라

✣ 히브리서 9:26

그리하면 그가 세상을 창조한 때부터 자주 고난을 받았어야 할 것이로되 이제 자기를 단번에 제물로 드려 죄를 없이 하시려고 세상 끝에 나타나셨느니라

✣ 히브리서 10:4

이는 황소와 염소의 피가 능히 죄를 없이 하지 못함이라

■ 검토 및 수정

'없이 하다'와 '없이하다'는 뜻이 전혀 다른 말이다. '없이 하다'는 '무엇이 없는 상태로 어떤 일을 하다'는 뜻이지만 '없이하다'는 '없어지게 하다'라는 의미다. 〈고려대 한국어대사전〉에서는 '없이하다'를 이렇게 풀이하고 있다.

없이하다

1. (사람이 물건이나 대상 따위를) 없어지게 하다.

예) 할아버지께서는 잘못된 인습은 없이해야 한다고 하셨다.

예컨대 아이들이 어떤 일을 '선생님 없이 하자'라고 하면 참 대견한 일이지만, '선생님 없이하자'라고 하면 큰일 날 소

리다. 이처럼 경우에 따라서는 띄어쓰기의 여부가 엄청나게 큰 의미 차이를 나타내는 것이다.

위의 구절들은 다 '없어지게 하다'는 뜻이므로 모두 붙여서 써야 한다.

✣ 에스겔 16:50

⇨ 거만하여 가증한 일을 내 앞에서 행하였음이라 그러므로 내가 보고 곧 그들을 없이하였느니라

✣ 나훔 2:2

⇨ …이는 약탈자들이 약탈하였고 또 그들의 포도나무 가지를 없이하였음이라

✣ 로마서 11:27

⇨ 내가 그들의 죄를 없이할 때에 그들에게 이루어질 내 언약이 이것이라 함과 같으니라

✣ 히브리서 9:26

⇨ …자기를 단번에 제물로 드려 죄를 없이하시려고 세상 끝에 나타나셨느니라

✣ 히브리서 10:4

⇨ 이는 황소와 염소의 피가 능히 죄를 없이하지 못함이라

그러나 다음의 경우는 '없이하다'로 정확하게 붙여서 쓴 예들이다.

✣ 출애굽기 17:14

여호와께서 모세에게 이르시되 이것을 책에 기록하여 기념하게 하고 여호수아의 귀에 외워 들리라 내가 아말렉을 없이하여 천하에서 기억도 못 하게 하리라

✣ 시편 76:3

거기에서 그가 화살과 방패와 칼과 전쟁을 없이하셨도다 (셀라)

한편 빌립보서 2장 14절의 '모든 일을 원망과 시비가 없이 하라'는 '무엇이 없는 상태로 어떤 일을 한다'는 뜻이므로 제대로 띄어서 쓴 경우다.

꼭 있어야 할 쉼표(1)

■ 관련 구절

✣ 신명기 10:21

그는 네 찬송이시요 네 하나님이시라 네 눈으로 본 이같이 크고 두려운 일을 너를 위하여 행하셨느니라

✣ 에스겔 36:4

그러므로 이스라엘 산들아 주 여호와의 말씀을 들을지어다 산들과 멧부리들과 시내들과 골짜기들과 황폐한 사막들과 사방에 남아 있는 이방인의 노략거리와 조롱거리가 된 버린 성읍들에게 주 여호와께서 이같이 말씀하셨느니라

■ 검토 및 수정

〈개역 개정〉 성경은 아주 특별한 경우가 아니면 문장 부호

를 쓰지 않고 있다. 그러다 보니 의미의 혼선이 생기는 경우도 많고, 가독성(可讀性)도 떨어지는 문제가 있다. 현재 〈공동번역〉이나 〈표준새번역〉, 〈우리말 성경〉, 〈현대인의 성경〉 등 대부분의 우리말 번역본에서는 문장 부호를 쓰고 있음을 고려할 때 〈개역 개정〉 성경도 시대에 맞춰 문장 부호를 쓰는 쪽으로 전향적 검토를 해야 할 것으로 생각된다.

우리말에서 관형어(명사, 대명사 등을 꾸미는 말)는 대체로 꾸미는 말의 바로 앞에 올 때가 많지만, 때로는 꾸미는 말과 떨어져 있을 때가 있다. 이럴 때는 그 중간에 있는 말과 구별하기 위해 쉼표를 꼭 찍어 주어야 한다. 예컨대 '슬픈 사연을 간직한 불국사의 무영탑'에서 슬픈 사연을 간직한 것이 바로 다음의 '불국사'가 아니라 그 뒤에 떨어져 있는 '무영탑'이라면 '슬픈 사연을 간직한, 불국사의 무영탑'처럼 '불국사' 앞에 쉼표를 찍어 주어야 한다.

신명기 10장 21절에서도 '네 눈으로 본'이 꾸미는 것은 바로 뒤의 '이같이'가 아니라 뒤에 떨어져 있는 '일'이므로, '이같이' 앞에 쉼표를 찍어 주어야 하고, 마찬가지로 에스겔 36장 4절에서도 '조롱거리가 된' 뒤에 쉼표를 찍어 주어야 한다. (이에 대해서는 〈참고〉의 쉼표 사용에 관한 규정 중 (12)항 참조.)

이에 따라 위의 구절들을 수정해 보면

✣ 신명기 10:21

⇨ 그는 네 찬송이시요 네 하나님이시라 네 눈으로 본, 이같이 크고 두려운 일을 너를 위하여 행하셨느니라

✣ 에스겔 36:4

⇨ 그러므로 이스라엘 산들아 주 여호와의 말씀을 들을지어다 산들과 멧부리들과 시내들과 골짜기들과 황폐한 사막들과 사방에 남아 있는 이방인의 노략거리와 조롱거리가 된, 버린 성읍들에게 주 여호와께서 이같이 말씀하셨느니라

■ **〈참고〉**

한글 맞춤법 규정에 부록에는 문장 부호 사용에 관한 규정이 있다. 그중 쉼표 사용에 관한 내용을 요약하여 제시하면 다음과 같다.

4. 쉼표(,)

(1) 같은 자격의 어구를 열거할 때 그 사이에 쓴다.

예) 근면, 검소, 협동은 우리 겨레의 미덕이다.

(2) 짝을 지어 구별할 때 쓴다.

예) 닭과 지네, 개와 고양이는 상극이다.

(3) 이웃하는 수를 개략적으로 나타낼 때 쓴다.

예) 5, 6세기 예) 6, 7, 8개

(4) 열거의 순서를 나타내는 어구 다음에 쓴다.

예) 첫째, 몸이 튼튼해야 한다.

(5) 문장의 연결 관계를 분명히 하고자 할 때 절과 절 사이에 쓴다.

예) 콩 심은 데 콩 나고, 팥 심은 데 팥 난다.

(6) 같은 말이 되풀이되는 것을 피하기 위하여 일정한 부분을 줄여서 열거할 때 쓴다.

예) 여름에는 바다에서, 겨울에는 산에서 휴가를 즐겼다.

(7) 부르거나 대답하는 말 뒤에 쓴다.

예) 지은아, 이리 좀 와 봐. 예) 네, 지금 가겠습니다.

(8) 한 문장 안에서 앞말을 '곧', '다시 말해' 등과 같은 어구로 다시 설명할 때 앞말 다음에 쓴다.

예) 책의 서문, 곧 머리말에는 책을 지은 목적이 드러나 있다.

(9) 문장 앞부분에서 조사 없이 쓰인 제시어나 주제어의 뒤에 쓴다.

예) 돈, 돈이 인생의 전부이더냐?

(10) 한 문장에 같은 의미의 어구가 반복될 때 앞에 오는 어구 다음에 쓴다.

예) 그의 애국심, 몸을 사리지 않고 국가를 위해 헌신한 정신을 우리는 본받아야 한다.

(11) 도치문에서 도치된 어구들 사이에 쓴다.

예) 다시 보자, 한강수야.

(12) 바로 다음 말과 직접적인 관계에 있지 않음을 나타낼 때 쓴다.

예) 갑돌이는, 울면서 떠나는 갑순이를 배웅했다.

예) 철원과, 대관령을 중심으로 한 강원도 산간 지대에 예년보다 일찍 첫눈이 내렸습니다.

(13) 문장 중간에 끼어든 어구의 앞뒤에 쓴다.

예) 나는, 솔직히 말하면, 그 말이 별로 탐탁지 않아.

(14) 특별한 효과를 위해 끊어 읽는 곳을 나타낼 때 쓴다.

예) 내가, 정말 그 일을 오늘 안에 해낼 수 있을까?

(15) 짧게 더듬는 말을 표시할 때 쓴다.

예) 선생님, 부, 부정행위라니요? 그런 건 새, 생각조차 하지 않았습니다.

꼭 있어야 할 쉼표(2)

■ 관련 구절

✣ 이사야 43:17

병거와 말과 군대의 용사를 이끌어 내어 그들이 일시에 엎드러져 일어나지 못하고 소멸하기를 꺼져가는 등불 같게 하였느니라

✣ 이사야 43:19

보라 내가 새 일을 행하리니 이제 나타낼 것이라 너희가 그것을 알지 못하겠느냐 반드시 내가 광야에 길을 사막에 강을 내리니

■ 검토 및 수정

이 두 구절 역시 꼭 있어야 할 쉼표가 찍혀 있지 않아서 읽

기에도 불편하고 오해를 불러일으키기 딱 좋게 되어 있다. 17절의 경우 문맥으로 보아 '소멸하기'를 했는데, 그 일을 마치 꺼져 가는 등불같이 했다는 뜻이니, '소멸하기를'은 바로 뒤의 '꺼져 가는 등불 같게'와 직접 연결되는 구절이 아니라, 맨 뒤의 '하였느니라'에 연결된 것이다. 이럴 때는 그 사이에 쉼표를 찍어 그 연결 관계를 분명히 해 주어야 한다.

19절의 경우도 '광야에 길을'과 '사막에 강을'은 의미상 분리가 되어야 한다. 그렇지 않으면 '길을' '사막에' 내는 것처럼 오해하게 되기 쉽다.

그런데 43장의 16절과 20절은 똑같은 상황에서 쉼표를 정확하게 사용하여 의미를 분명히 해 주고 있다. (이와 같은 문장 부호 사용 방식은 앞에서 나온 쉼표 사용에 관한 규정 중 (6)항에 의한 것이다.)

16 나 여호와가 이같이 말하노라 바다 가운데에 길을, 큰 물 가운데에 지름길을 내고

20 장차 들짐승 곧 승냥이와 타조도 나를 존경할 것은 내가 광야에 물을, 사막에 강들을 내어 내 백성, 내가 택한 자에게 마시게 할 것임이라

그렇다면 17절과 19절도 당연히 16절, 20절처럼 쉼표를 찍어서 일관성 있게 기술해야 할 것이다. 이상을 고려하여 17절, 19절은 다음과 같이 수정해야 할 것이다.

✣ 이사야 43:17

⇨ 병거와 말과 군대의 용사를 이끌어 내어 그들이 일시에 엎드러져 일어나지 못하고 소멸하기를, 꺼져가는 등불 같게 하였느니라

✣ 이사야 43:19

⇨ 보라 내가 새 일을 행하리니 이제 나타낼 것이라 너희가 그것을 알지 못하겠느냐 반드시 내가 광야에 길을, 사막에 강을 내리니

엉뚱한 절에 붙은 주어

■ 관련 구절

✣ 고린도후서 11:2

내가 하나님의 열심으로 너희를 위하여 열심을 내노니 내가 너희를 정결한 처녀로 한 남편인 그리스도께 드리려고 중매함이로다 그러나 나는

■ 검토와 수정

고린도후서 11장 2절은 누가 읽어도 이상한 점을 금방 느낄 것이다. 맨 마지막의 '그러나 나는'이 2절이 아니라 다음의 3절의 처음에 들어가야 할 것인데, 2절에 잘못 들어온 것임을 금방 알아차릴 수 있을 것이다.

실제로 이 '그러나 나는'에 해당하는 역접의 접속어와 1인

칭 주어는 〈공동번역〉이나 〈표준새번역〉 〈NIV〉, 〈KJV〉 등 모든 번역본과 심지어 헬라어 원문에서도 뒤의 3절의 앞부분에 들어 있다. 그런데 어째서 〈개역 개정〉에서만 이런 일이 생겼을까? 그것은 그 이전의 〈개역 한글〉의 해당 부분을 보면 금방 알 수 있다. 다음은 〈개역 한글〉의 해당 부분이다.

〈개역 한글〉의 고린도후서 11:2-3

* 2 내가 하나님의 열심으로 너희를 위하여 열심 내노니 내가 너희를 정결한 처녀로 한 남편인 그리스도께 드리려고 중매함이로다

* 3 뱀이 그 간계로 이와를 미혹케 한것 같이 너희 마음이 그리스도를 향하는 진실함과 깨끗함에서 떠나 부패할까 두려워 하노라

그러니까 원문과 모든 번역본에 있는 역접의 접속어와 1인칭 주어가 어찌 된 일인지 〈개역 한글〉에만 나타나 있지 않은 것이다. 그러다 보니 의미도 조금 모호해졌고, 그 외에도 '하와'가 '이와'로 되어 있는 것도 조금 이상하다. 뒤늦게 〈개역 개정〉을 만들다 이런 문제를 발견하고서는 접속어 '그러나'와 주어 '나는'을 3절 앞부분에 넣는다는 게 아마 실수로 2절 끝에 들어가 버린 게 아닐까 생각된다.

그러므로 이 '그러나 나는'은 당연히 3절의 앞부분에 들어가야 한다. 이에 따라 2절과 3절을 수정해 보면

⇨ 2 내가 하나님의 열심으로 너희를 위하여 열심을 내노니 내가 너희를 정결한 처녀로 한 남편인 그리스도께 드리려고 중매함이로다
3 그러나 나는, 뱀이 그 간계로 하와를 미혹한 것같이, 너희 마음이 그리스도를 향하는 진실함과 깨끗함에서 떠나 부패할까 두려워하노라

이때 3절의 '그러나 나는'과 '뱀이'의 사이, 그리고 '미혹한 것같이'의 뒤에는 쉼표를 찍어 주어서 '뱀이 그 간계로 하와를 미혹한 것 같이'라는 구절이 앞의 말에 직접 연결되는 것이 아니라, 중간에 끼어든 것임을 표시해 주는 것이 좋겠다. (이것은 쉼표 사용에 관한 규정 중 (13)항의 "문장 중간에 끼어든 어구의 앞뒤에 쓴다."는 규정에 의한 것이다.)

한 가지 더 덧붙이자면 〈개역 개정〉 11장 3절의 '것 같이'에서 '같이'는 조사이므로 위의 수정안처럼 '것같이'로 붙여서 써야 한다.

'출애굽기'일까, '출애급기'일까

■ 관련 구절

✣ 출애굽기 1:1

야곱과 함께 각각 자기 가족을 데리고 애굽에 이른 이스라엘 아들들의 이름은 이러하니

■ 검토 및 수정

요셉과 야곱을 따라 애굽에 간 백성들이 400년 종살이를 마치고 모세의 인도에 따라 가나안 땅을 향해 가는 이야기를 쓴 성경이 출애굽기이다. 애굽은 잘 알다시피 이집트(Egypt)다. 그런데 이집트는 한자어로는 '애급(埃及)'이라고 쓴다. '이집트(Egypt)'와 '애급'은 정식으로 사전에 실려 있는 표준어이다.

그러면 '애굽'은 어디서 온 말일까? '애굽'은 예외적으로 성

경에서만 사용되는 특이한 단어다. 조선 후기 이 땅에 기독교가 전파되면서 처음 성경을 번역할 때부터 이집트(Egypt)를 '애굽'으로 표기한 것이 관습적으로 굳어진 것이다. 그래서 '출애급기(出埃及記)'가 아니고 '출애굽기'가 되었다.

이에 대해 〈고려대 한국어대사전〉에서는 이렇게 설명하고 있다.

> "애굽은 고대 그리스어 Aigyptos에서 온 말이다. 이와 관련한 말로 '이집트'와 '애급'이 있다. 이집트는 'Egypt'에 대한 한글 음역어이며, 애급은 Egypt 혹은 고대 그리스어 Aigyptos의 한자 음역어이다.
>
> 한글 음역어 '애굽'과 한자 음역어 '애급(埃及)'은 우리말에서 유의어로 보아야 한다. '애굽'은 주로 기독교의 성서에서 사용되고 국가나 지역으로서의 'Egypt'를 설명할 때는 주로 '이집트'와 '애급'을 사용한다."

이처럼 성경에서만 사용되는 예외적인 지명으로서 대표적인 것들은 다음과 같다.

성경의 표기	한글 음역어	한자 음역어
바사	페르시아(Persia)	파사(波斯)
유대	유대(Judea)	유태(猶太)
서바나	스페인(Spain)	서반아(西班牙)
이달리야	이탈리아(Italia)	이태리(伊太利)
그레데	크레타(Creta)섬	–
앗수르	아시리아(Assyria)	–
고린도	코린트(Corinth)	–

'출애굽기'나 '고린도전서'처럼 책의 이름으로 완전히 굳어진 경우는 어쩔 수 없지만, '바사'나 '서바나', '이달리야' 등은 각각 '페르시아', '스페인', '이탈리아' 등의 표준어 표기로 고쳐서 써도 무방하리라 생각한다.

'깟씨'를 아십니까

■ 관련 구절

✣ 출애굽기 16:31

이스라엘 족속이 그 이름을 만나라 하였으며 깟씨 같이 희고 맛은 꿀 섞은 과자 같았더라

✣ 민수기 11장 7절

만나는 깟씨와 같고 모양은 진주와 같은 것이라

■ 검토 및 수정

'깟씨'라는 말은 구약 성경에 2회 등장한다. 출애굽 한 이스라엘 백성에게 하나님이 내려주신 만나에 관한 묘사에 나타난다. 그런데 대부분의 한국인은 깟이나 깟씨를 본 적도 없고, 들은 적도 없다. 도대체 '깟씨'가 뭘까?

그런데 마침 〈개역 개정〉 성경 하단 주를 보니 '깟씨'가 '고수의 씨'라고 되어 있다. 그리고 〈공동번역〉, 〈표준새번역〉, 〈우리말성경〉 등에도 대부분 '고수의 씨'로 번역되어 있다. 이 '고수'는 우리 한국인에게 비교적 익숙한 식물이고 국어사전이나 백과사전 등에도 자세히 풀이되어 있다. 〈표준국어대사전〉을 보면

> **고수**
>
> 식물 산형과의 한해살이풀. 높이는 30~60cm이며, 잎은 어긋나고 잘게 갈라진 우상 복엽이다. 6~7월에 작고 흰 꽃이 복산형 화서로 가지 끝에 피고 열매는 둥글다. 잎과 줄기는 동부 유럽이 원산지로 절에서 많이 재배한다.

한편 〈NIV〉나 〈KJV〉 등에는 이 '깟씨'에 해당하는 단어가 'coriander'로 되어 있는데, 이것의 우리말이 '고수'다.

그러면 도대체 '깟씨'라는 말은 어디서 온 말일까? 알고 보니 이 '깟'이라는 말은 구약 성경의 원어인 히브리 단어였다. 이런 경우 원어인 '깟'에 해당하는 우리말이 엄연히 있고, 오히려 원어로 쓰면 이해가 더 어려울 경우에 굳이 원어로 쓸 이유는 없다고 생각된다.

'깟씨'는 우리말로 '고수의 씨'로 풀이하는 것이 좋겠다. 이상을 고려하여 위 구절을 수정하면

✣ 출애굽기 16:31

⇨ 이스라엘 족속이 그 이름을 만나라 하였으며 고수의 씨같이 희고 맛은 꿀 섞은 과자 같았더라

✣ 민수기 11:7

⇨ 만나는 고수의 씨와 같고 모양은 진주와 같은 것이라

참고로 한방에서는 고수의 열매를 호유자라 하여 건위제 · 고혈압 · 거담제로 쓴다. 줄기와 잎은 고수김치 · 고수쌈 등으로 먹는다.

나라에 임하옵시고?

■ 관련 구절

✣ 마태복음 6:9–10

9 그러므로 너희는 이렇게 기도하라 하늘에 계신 우리 아
버지여 이름이 거룩히 여김을 받으시오며
10 나라가 임하시오며 뜻이 하늘에서 이루어진 것 같이 땅
에서도 이루어지이다

■ 검토 및 수정

주님이 가르치신 '주기도문'이다. 그런데 기독교인들 중에는 이 부분을 아직도 '나라에 임하옵시며'라고 외우시는 분들이 많다. 어째서 '나라가'를 '나라에'로 외우게 된 걸까?

그 이유는 〈개역 개정〉 이전의 〈개역 한글〉에서의 표기와

관련이 있다. 〈개역 한글〉에는 마태복음 6장 10절이 이렇게 되어 있다.

'나라이 임하옵시며 뜻이 하늘에서 이루어진 것 같이 땅에서도 이루어지이다'

여기서 사람들은 어리둥절해진다. 나라이? '나라이'라는 말이 어디 있어? 아마 '나라에'겠지 하고 지레짐작해서 '나라에 임하옵시고'라고 주기도문을 올리게 된 것이다. (이처럼 잘 모르는 말이 나오면 자기가 아는 말로 지레짐작해서 잘못 쓰는 것을 언어학에서는 '유추(類推)'라고 한다.)

그럴 만도 한 것이 현대 국어에서는 '나라이'라는 말은 쓰지 않는 말이기 때문이다. 이 '나라이'는 현대어가 아니라 중세어다. 고등학교 때 국어 공부를 열심히 한 사람은 기억이 나겠지만, 중세 국어에서는 앞에 말에 받침이 있든 없든 주어나 보어를 나타내는 조사는 무조건 '이'만을 썼다. 예컨대 다음과 같은 시조를 보면

반중(盤中) 조홍(早紅)감이 고와도 보이나다
유자(柚子) ㅣ 아니라도 품음즉도 하다마는

품어 가 반길 이 없으니 그를 설워하노라 (박인로)

바람 불으소서 비 올 바람 불으소서
가랑비 그치고 굵은 비 들으소서
한길이 바다히 되어 님 못 가게 하소서. (무명씨)

앞의 시조에서 '유자(柚子) ㅣ'는 '유자이'의 준말인데, 이때 '이'는 보어를 나타내는 조사이며, 뒤의 시조에서 '바다히'는 '바다ㅎ'에 보어임을 나타내는 조사 '이'가 붙은 것이다. '유자가'나 '바다가'가 아니라 '유자이', '바다히'로 썼음을 알 수 있다.

이처럼 중세 국어에서는 앞의 말에 받침이 있든 없든 주어, 또는 보어를 나타내는 조사는 무조건 '이'만을 썼다. 그러던 것이 17세기에 들어와서 비로소 조사 '가'가 나타나게 된다. 그래서 지금은 앞의 말에 받침이 있을 때는 '이'를 쓰고, 받침이 없을 때는 '가'를 쓰게 된 것이다.

그런데 어떻게 된 것인지 마태복음 6장에서는 중세어인 '나라이'가 사용되었다. 성경 번역자들이 너무 중세 국어 식의 예스런 표현을 좋아해서였을까? 그러니 현대의 한국인들에게는 어리둥절할 수밖에 없는 표현이 되었고, 그래서 '나라에'로 유추해서 잘못 외우게 되는 일이 생긴 것이다. 늦은 감은 있지만 〈개역 개정〉에서는 '나라가'로 바로잡았으니 다행이다.

의미상으로도 '나라가'와 '나라에'는 전혀 다른 뜻이 된다. '나라가 임하시오며'는 하나님이 다스리는 나라가 이 땅에 임하시기를 원한다는 뜻이고, '나라에 임하옵시고'는 이 땅 아닌 어떤 다른 나라에 (누군가가, 또는 무엇이) 임하옵시기를 바란다는 뜻이니 전혀 다른 뜻이 된다. 기독교인들은 마땅히 하나님의 나라가 이 땅에 임하시기를 기도드려야 할 것이다.

'나라에 임하옵시고'라는 말은 어느 성경에도 없을뿐더러, 의미로 따져 보아도 잘못된 말이다. 올바른 주기도문은 '나라에 임하옵시고'가 아니고 '나라가 임하시오며'이다! 오늘 진영 간, 계층 간, 세대 간의 갈등과 혐오로 갈라진 이 땅에 부디 하나님의 나라가 임하시기를, 그리하여 하나님의 공의가 강물처럼 흐르는 나라가 이 땅에 이루어지기를 간절히 기도드린다.

우리는 생각보다 거짓에 쉽게 속는다. 생각을 많이 해야 하고 안정된 진실에 지루함을 느끼고 확인하고 따지고 논리적으로 나오는 것에는 매력을 느끼지 못해서다. 신화 속 선원들처럼 지금 눈앞에서 세이렌(Seiren)의 감미로운 멜로디와 거짓으로 꾸민 모습을 마주한다면 속아 넘어가지 않을 재주가 있을까? 반대로 우리가 누군가를 속이는 세이렌이 될 수도 있다. 우리의 노래가 세이렌의 노래와 비슷할 수도 있다.

– 로랑스 드빌레르, 『모든 삶은 흐른다』에서

| 2부 |

우리말의 어처구니

가짜 어처구니 이야기

■ 맷돌 손잡이는 '어처구니'가 아닌 '맷손'이다

맷돌을 돌릴 때 꼭 필요한 것이 맷돌의 손잡이다. 이 맷돌의 손잡이를 '맷손'이라고 부른다. 이 '맷손'이라는 말은 〈한국민족문화대백과사전〉이나 국립국어원의 〈표준국어대사전〉 등 대부분의 정통 사전에 정식으로 등재되어 있는 말이다.

〈한국민족문화대백과사전〉에는 맷돌의 얼개에 대해 다음과 같이 풀이하고 있다.

> "맷돌은 돌로 아래짝 위짝을 같은 크기로 만들고, 아래짝에는 한가운데에 수쇠, 위짝에는 암쇠를 끼워 매를 돌릴 때 벗어나지 않게 한다. 그리고 위짝에는 매를 돌리는 맷손을 박는 홈과 곡식을 넣는 구멍을 낸다."

여기서는 맷돌의 손잡이를 '맷손'이라고 부르고 있다.

이 '맷손'이라는 말을 〈표준국어대사전〉에서 찾아보니 다음과 같이 풀이되어 있다.

맷손[1] [매쏜/맫쏜]

「명사」 매통이나 맷돌을 돌리는 손잡이.

'맷손'이라는 말은 사전에 정식으로 등재되어 있을 뿐 아니라, 현재도 실제로 사용되고 있는 말이며, 각종 문학 작품에도 숱한 용례가 있다. 이는 인터넷 검색창에 '맷손'을 검색하면 즉시 확인되는 사실이다.

▶ 맷돌의 손잡이는 '맷손'이다. 사진은 『전통 속에 살아 숨 쉬는 첨단 과학 이야기』에서 가져옴.

그런데 인터넷에는 이 맷돌 손잡이가 '어처구니'라거나 '어이'라는 주장이 널리 퍼져 있다. 그러나 이는 어떤 문헌적, 학문적 근거도 없는, 얼토당토않은 가짜 정보다. 누군가 무지, 또는 착각으로, 맷돌 손잡이가 어처구니인데 그것이 없을 때 어처구니가 없다는 말이 생겼다는 내용으로 올린 글에 사람들이 솔깃해서 마구 퍼 날라 걷잡을 수 없이 퍼진, 근거 없는 낭설일 뿐이다. 원래 가짜가 더 솔깃한 법이다.

이런 터무니없는 가짜 정보를 영화 「베테랑」을 비롯해 여러 종의 창작 동화들, 신문 방송, 어린이 대상 학습서, ○○편지 등의 대량 메일 등에서, 아무런 확인 과정도 거치지 않고 '어처구니를 아십니까?', '맷돌 손잡이 없어서 어이가 없네' 하며 무책임하게 퍼뜨리는 것은 정말로 어처구니없는 일이다. 특히 이러한 가짜 정보가 동화나 학습지 등을 통해 자라나는 아이들을 오염시키는 것은 매우 심각한 문제다.

어처구니나 어이는 국어사전에 '엄청나게 큰 사람이나 사물'로 풀이되어 있을 뿐, 맷돌과는 아무런 연관성도 없다. 이에 대해서는 국립국어원에서도 온라인 게시판을 통해 일관되게 부인하고 있다.

최근 YTN에서 국립국어원의 확인을 거쳐 어이나 어처구니가 맷돌과 아무런 관련이 없음을 안내한 영상 자료가 있어 여기 소개한다.

〈어이, 어처구니는 맷돌과 무관〉
출처 : YTN | 네이버 뉴스 (http://naver.me/GulB70Ji)

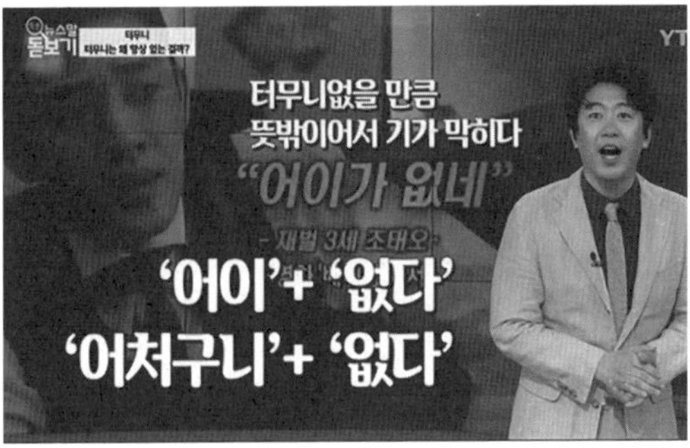

▶ YTN 방송 화면

[배우 유아인 씨의 이 장면을 보면 바로 떠오를 텐데요. "어이가 없네~" 바로 이거죠. 여기서 '어이'는 '엄청나게 큰 사람이나 사물'을 뜻하는데요. 비슷한 말인 '어처구니'와 같이 '-없다'와 만나서 '터무니없을 만큼 뜻밖이어서 기가 막히다'라는 뜻으로 사용됩니다.

그런데 영화 때문인지 '어이'를 맷돌 손잡이로 아시는 분도 많으신데요. '어이'와 '어처구니'가 맷돌 손잡이라는 설이 있기도 하지만, 국어사전에는 그런 뜻이 없고요. 저희 제작진이 국립국어원에 문의한 결과, "맷돌과는 관련이 없는 것으로 보인다, 타당한 근거가 없다."라는 답변을 얻었습니다.]

■ 어처구니는 궁궐의 잡상이 아니다

어처구니가 '궁궐의 잡상'이라고 하는 주장도 인터넷과 여러 종의 동화책 등을 통해 널리 퍼져 있다. 궁궐을 다 지었는데 정작 지붕에 어처구니를 올리지 않은 데서 '어처구니없다'라는 말이 생겼다는 식인데, 이 또한 황당하기 짝이 없는 낭설이다. 어처구니가 궁궐의 잡상이라는 전제 자체가 어떤 문헌적, 학문적 근거도 없는 가짜 정보이기 때문이다. 앞에서 맷돌 손잡이에 대해 말할 때 설명했듯이 어처구니나 어이는 국어사전에 '엄청나게 큰 사람이나 사물'로 풀이되어 있을 뿐, 궁궐의 잡상과는 아무런 연관성도 없다.

궁궐의 잡상은 〈한국민족문화대백과사전〉, 〈표준국어대사전〉 및 각종 건축용어사전 등의 정통 사전에 따르면 그냥 '잡상'이라고 부른다. '어처구니'가 궁궐의 잡상이라는 주장에 대해서는 대부분의 전문가들은 물론, 국립국어원이나 문화재청에서도 일관되게 부인하고 있다.

이와 관련, 문화재청의 조상순 학예연구사는 2016년 5월 25일 『세계일보』에 기고한 '궁궐 수호의 마스코트 잡상'이라는 글에서 "잡상은 '어처구니'로도 알려져 있는데, '어처구니'는 '상상 밖의 큰 사람이나 사물'을 뜻하므로 바로잡을 필요가 있다."고 지적하고 있다.

▶ 창덕궁 인정전의 잡상들(사진: 〈한국민족문화대백과사전〉)

한편 인터넷 기사 중에는 유몽인의 『어우야담』에 궁궐의 잡상이 어처구니라고 되어 있다며 문헌적 근거라고 제시하는 글도 있다. 그러나 이는 전혀 사실이 아니다.

한국문화사에서 나온 『어우야담』을 확인해 보니 유조생이라는 재상에 관한 글에서 잡상을 가리켜 '대궐문 누각에 걸려있는 기와에 새겨진 10신'이라고만 하였을 뿐, 그 어디에도 '어처구니'라는 말은 나오지도 않는다. 게다가 『어우야담』은 한문으로 기록된 책이어서 '어처구니'라는 순우리말이 나올 수도 없다. 이야말로 어처구니없는 조작이다.

궁궐의 잡상은 그냥 잡상이며, 어처구니와는 아무런 관계도 없다. 그런데도 인터넷이나 신문 · 방송, 동화책 등을 통해 이런 왜곡된 지식을 퍼뜨리는 일이 더 이상 있어서는 안 될 것이다.

■ 홍수에 마실 물 없다

맷돌 손잡이는 '맷손'이고 궁궐의 잡상은 그냥 '잡상'이다. 어처구니나 어이는 맷돌의 손잡이나 궁궐의 잡상과는 아무런 관련도 없다. 각종 국어사전이나 백과사전, 고어사전이나 방언사전은 물론, 고시조, 고소설을 비롯한 어떤 고문헌, 또 현대의 각종 문헌에도 어처구니나 어이가 맷돌 손잡이라거나 궁궐의 잡상이라는 말은 전혀 나오지 않는다. 그런데도 인터넷이나 신문, 방송, 동화책, 영화 등에 이런 가짜가 진짜처럼 돌아다니는 건 정말 어처구니없는 일이다.

인터넷이나 유튜브엔 어이나 어처구니 외에도 가짜 정보가 너무 많이 돌아다닌다. 흔히 정보의 홍수라고 말하지만, 홍수에 마실 물 없다는 옛날 어른들의 말씀을 더욱 절감하는 요즘이다. 아무쪼록 인터넷에 떠도는 정보들은 사실인지 여부를 반드시 확인하는 절차를 거친 후에 이용해야 할 것이다. 그래서 더 이상 가짜 어처구니들이 진짜인 것처럼 농가성진(弄假成眞) 하는 일이 없어야겠다.

어처구니와 세이렌

- 거짓말이 지배하는 세상 이야기

■ 그럴싸할수록 가짜다

사이비(似而非)라는 말이 있다. 그럴싸하지만 가짜라는 말이다. 아니 그럴싸할수록 가짜라고 해야 할 것이다. 말도 거짓말일수록 사람을 솔깃하게 만든다. 그러나 진실은 대체로 재미도 없고 심지어 불편하고 슬프기까지 하다. 충신보다 간신의 말이 듣기 좋고 사기꾼이나 무당에게 넘어가지 않는 사람이 드문 법이다.

그러나 거짓말은 독버섯처럼 화려하고 세이렌(Seiren)의 노래처럼 감미롭지만, 결국 사람을 파멸시킨다. 만약 이런 거짓말이 국가적, 사회적 범위에서 창궐한다면 이건 매우 심각한 문제일 것이다.

그런데 오늘 우리 한국의 현실을 보면 거짓말이 진실인 것처럼 행세하고, 가짜가 버젓이 세상을 지배하고 있다. 참으로 심각한 도덕적 아노미(anomie)이며, 사회적 위기라 하지 않을 수 없다.

■ 어처구니없는 거짓말

최근 널리 읽히고 있는 『모든 삶은 흐른다』라는 책에서 저자 드빌레르는 거짓말이 어떻게 사람들을 지배하게 되는지를 잘 보여주고 있다.

> "우리는 생각보다 거짓에 쉽게 속는다. 생각을 많이 해야 하고 안정된 진실에 지루함을 느끼고 확인하고 따지고 논리적으로 나오는 것에는 매력을 느끼지 못해서다. 신화 속 선원들처럼 지금 눈앞에서 세이렌(Seiren)의 감미로운 멜로디와 거짓으로 꾸민 모습을 마주한다면 속아 넘어가지 않을 재주가 있을까? 반대로 우리가 누군가를 속이는 세이렌이 될 수도 있다. 우리의 노래가 세이렌의 노래와 비슷할 수도 있다."
>
> - L. 드빌레르, 『모든 삶은 흐른다』 중 「세이렌」에서

드빌레르의 글을 읽으며 문득 떠오르는 것이 어처구니 이야기다. 인터넷에는 어처구니나 어이가 맷돌의 손잡이라는

이야기가 널리 퍼져 있다. 맷돌의 손잡이가 어처구니(혹은 어이)인데, 맷돌을 돌리려고 하는데 손잡이가 없어서 어처구니가 없었다. 그래서 '어처구니(어이)없다'라는 말이 생겼다는 것이다. 스토리 자체가 마치 세이렌의 노래처럼 제법 솔깃하기도 하고, 다른 사람들한테 어처구니가 뭔지 알아 하며 과시하기도 좋은 묘한 매력을 지니고 있다.

그래서 사람들은 너도나도 퍼 나르고 아는 체하며 과시하기 시작했다. 작가도, 대학 교수도, 성직자도, 논설위원도 '어처구니를 아십니까?' 하고 퍼 나르기에 앞장섰고, 동화 작가는 동화책으로, 아동 교재 출판사는 아동용 학습서로 퍼 나르며 돈깨나 벌었다. 심지어 영화 「베테랑」은 맷돌 손잡이가 어이라며, '맷돌 손잡이가 없어서 어이가 없네' 어쩌고 하는 대사를 무려 1,300만 명에게 앵무새처럼 따라 하게 만들었다.

그러나 어처구니나 어이가 맷돌 손잡이라는 이야기는 인터넷에 떠도는 가짜 정보일 뿐이며, 어떤 문헌적, 학문적 근거도 없는, 그야말로 어처구니없는 낭설일 뿐이다. 어처구니나 어이가 맷돌 손잡이라는 인터넷 기사나 동화책, 아동용 학습서, 신문 기사, 영화 「베테랑」 중에서 제대로 된 근거를 제시하고 있는 곳은 단 한 군데도 없다.

명색이 대학교수, 작가, 언론인, 영화감독이 인터넷에 있다는 이유만으로 사실 확인도 하지 않고 가짜 정보를 퍼 나르고 있었던 것이다. 이렇듯이 어처구니나 어이가 맷돌 손잡이라는 가짜 정보가 광범하게 퍼질 수 있었던 것은 드빌레르가 말했듯, 가짜가 지닌 감미로운 매력 때문이다. 그 매력에 속아 넘어간 이들은 어느새 자신도 세이렌이 되어가고 있었던 것이다.

이런 얼치기 세이렌들에 대해 드빌레르는 이렇게 말하고 있다.

> "이런 사람들일수록 정보와 지식을 수동적으로 받아들일 줄만 안다. 그저 다른 사람들이 구축한 정보와 지식을 인용할 줄만 아는 팔로워 순응주의자일 뿐이다. 더구나 이들이 참고하는 정보와 지식의 대부분은 거짓 선동이 난무하는 SNS와 가짜 뉴스에서 온 것이다."

■ 진실은 재미없고 불편한 것

어처구니나 어이가 맷돌 손잡이가 아니라면, 맷돌 손잡이를 부르는 말이 따로 있는가? 물론 있다.

맷돌의 손잡이를 뜻하는 말은 '맷손'이며, 이는 각종 백과사전뿐 아니라, 정통 국어사전 등에 정식으로 등재되어 있는 말이고, 수많은 문학 작품에도 등장하는 말이며, 모르는 사람만 모를 뿐이지 실제로도 사용되고 있는 말이다.

〈민족문화대백과사전〉에는 맷돌의 얼개에 대해 다음과 같이 풀이하고 있다.

> "맷돌은 돌로 아래짝 위짝을 같은 크기로 만들고, 아래짝에는 한가운데에 수쇠, 위짝에는 암쇠를 끼워 매를 돌릴 때 벗어나지 않게 한다. 그리고 위짝에는 매를 돌리는 맷손을 박는 홈과 곡식을 넣는 구멍을 낸다."

여기서는 맷돌의 손잡이가 '맷손'이라고 풀이되어 있다.

이 '맷손'이라는 말은 국어사전에도 등재되어 있다. 다음은 〈표준국어대사전〉의 풀이다.

> **맷손[1] [매쏜/맫쏜]**
> 「명사」 매통이나 맷돌을 돌리는 손잡이.

한편, 어처구니나 어이가 맷돌 손잡이라는 이야기가 널리 퍼지자 많은 사람들이 국립국어원의 온라인 게시판에 확인을 요청하는 질의를 올렸는데, 국립국어원에서는 일관되게 어처구니나 어이가 맷돌 손잡이라는 어떤 근거도 없다고 답변하고 있다. 다음은 국립국어원의 게시판에 올라온 문의와 답변 내용이다.

* 제목: 맷돌의 손잡이 + 어처구니 어이

* 작성자 박○○ 등록일 2023.04.15. 조회수 851

* 질문 내용

예전에는 어이가 맷돌의 손잡이를 뜻했나요?

어처구니와 어이는 같은 단어인가요?

* 국립국어원 답변

안녕하십니까?

'어이'와 '어처구니'가 '맷돌의 손잡이'를 일컫는다는 근거를 찾을 수가 없습니다. 다만, 사전에서 '엄청나게 큰 사람이나 사물'을 일컫는 말로 '어이'와 '어처구니'를 보이고 있다는 점을 참고하시기 바랍니다.

– (국립국어원의 어처구니 어원 답변:
온라인가나다 상세보기 | 국립국어원 http://me2.do/xtFd1ENQ)

정리해서 말하면 맷돌의 손잡이는 '맷손'이고, 어처구니나 어이와는 아무런 연관성도 없다는 것이 진실이다. 이것은 네이버 검색창에서 '맷손'을 검색하면 즉시 확인되는 사실이다. (한편 어처구니가 궁궐의 잡상이라는 기사도 인터넷에 널리 퍼져 있는데, 이 역시 아무런 근거도 없는 가짜 정보다. 궁궐의 잡상은 국어사전이나 각종 건축용어사전에 따르면 그냥 '잡상'이라고 하며, 이 역시 어처구니와는 아무 상관이 없다.)

진실이란 이처럼 재미도 없고 따분한 것이다. 다시 드빌레르의 말을 들어보자.

> "진실은 실망스럽거나 거슬리고 슬플 때가 많다. 진실이 즐거움을 줄 때는 거의 없다. 진실은 할리우드 영화처럼 극적이거나 스펙터클하지 않고 시원한 사이다 같지도 않으며 정곡만 찌른다. 좋은 말 듣기를 좋아하는 우리와는 맞지 않다. 진실은 직설적이고 솔직하며 꾸밈도 양보도 없다. 이러한 진실 앞에서 우리는 본연의 모습과 마주할 때가 많다. 하지만 우리는 더 편하고 감미로운 것을 바란다."

■ 거짓말이 지배하는 나라

달콤한 매력으로 사람들을 속여넘겨 거짓말을 따르게 만드는 것이 어찌 어처구니뿐이겠는가? 막대한 이익이나 권력이 걸려 있는 문제라면, 거짓말은 더욱 기를 쓰고 사람들을 달콤하게 속이고 심지어 위협하기까지 한다.

특히 정치권, 언론계, 유튜버 들을 통해 쏟아지는 말들은 거의 절반은 거짓말이다. 이런 거짓말들이 지금 대한민국을 지배하고 갈라치기 하고 있다.

예컨대 대통령이 얼마 전 유엔에 가서 "국회에서 이 ×× 들이 승인 안 하면 바이든은 쪽팔려서 어떡하나."라고 했다는 언론 보도에 대해 정부 여당은 '바이든'이 아니라 '날리면'이라며, 심지어 언론사를 고소하기까지 했다. 이에 대한 여론은 60퍼센트 정도가 언론사 보도대로 '바이든'이 맞다는 편이며, 정부 주장대로 '날리면'이라는 사람은 25퍼센트 정도에 불과하다.

정부의 말이 맞다면 바이든 설을 주장하는 언론사와 60퍼센트의 국민은 거짓말을 하거나 거짓말을 따르는 셈이다. 반대로 언론이 맞다면 정부 여당이 대놓고 거짓말을 하고 있는 것이다. 둘 중 누가 맞든 반대편은 거짓말을 하고 있는 것이다.

후쿠시마 오염수 방류 문제도 그렇다. 야당과 대부분의 국민은 오염수의 안전을 믿을 수 없다며, 방류를 반대하는데도, 정부 여당은 오염수가 안전하게 처리되었다고 생뚱맞게 일본을 두둔하고 있다. 결과적으로 누구의 말이 거짓말이 될까? 정부가 거짓말을 하는 것이라면 대단히 심각한 도덕성의 문제이며, 그렇지 않다면 대다수 국민과 야당이 거짓말쟁이 선동가가 되는 셈이니, 어쨌거나 이 나라는 거짓말이 만연한 나라가 되고 말았다. 어처구니없다는 말은 이럴 때 쓰라고 있는 말일 것이다. 어쩌다가 대한민국이 거짓말 공화국이 되고 말았을까?

■ 거짓말의 대가

양치기 소년의 반복되는 거짓말에 사람들은 몇 번은 속아서 도망을 갔다. 그러나 늑대는 나타나지 않았고 사람들은 더 이상 속지 않았다. 그러다가 정말로 늑대가 나타났을 때 '더 이상은 속지 않겠다'는 사람들은 앉아서 큰 피해를 당할 수밖에 없었다. 거짓말이 지배하고, 거짓말에 무감각해진 사회는 끝내 큰 피해를 당할 수밖에 없는 것이다.

이런 일도 있었다. 어느 통조림 회사가 만든 제품에, 인체에 해로운 포르말린(Formalin)이 나온다는 고발 기사가 신문에 크게 보도되었다. 관계 기관이 조사에 나섰고 소비자들의 항의가 빗발치며 불매 운동이 벌어졌다. 회사 대표들이 구속되었고, 회사는 근거 없는 거짓이라며 언론사를 맞고소했다.

몇 년 간의 재판 끝에 최종 판결이 나왔다. 통조림에서 포르말린이 나온다는 기사는 과장된 가짜 뉴스라는 것으로, 결국 통조림 회사의 승소로 결말이 났다. 그러나 이미 통조림 회사는 망해 버린 후이며, 언론사의 배상 정도로는 회복 불가능한 상태였다. 이겼지만 망한 후였고, 언론의 가짜 뉴스가 얼마나 사회에 큰 피해를 주는지 충격적으로 보여 준 사건이었다. 1998년 7월에 이 나라에서 실제로 있었던 일이다.

독재 정권하에서는 가짜 제보로 감옥을 가고, 삼청교육대에 잡혀가고, 심지어 간첩으로 몰려 사형당한 이들도 있다. 세상이 민주화되어 이들 사형수들이 재심 결과 무죄임이 밝혀져, 늦게나마 명예는 회복되었지만, 그들 꽃다운 젊은 목숨과 한 생애, 가족의 고통은 무엇으로도 회복할 수 없는 것이다. 가짜의 사회적 피해는 이렇게 막대하고 심각하며 치명적인 것이다.

지금 이 나라는 가짜와 거짓말이 대놓고 판을 치고 있다. 아니면 말고 식의 뻔뻔스러운 거짓말이 세상을 어지럽히고 지배하고 있다. 어처구니가 맷돌 손잡이라고 터무니없는 가짜 정보를 올려도 모두가 속아 넘어가고, 정치계는 서로가 서로를 거짓말이라며 진흙탕 싸움으로 날을 새고 있다.

중요한 것은 더 이상 이런 가짜에 속지 않는 총명한 분별력을 가져야 한다는 것이며, 가짜를 몰아내려는 깨어 있는 시민 의식이 있어야 한다는 것이다. 그렇지 않고 지금처럼 가짜와 거짓말이 세상을 지배하게 되면, 이 나라는 정말로 큰 위기에 직면하게 될 것이다.

다시 드빌레르의 이야기를 들으며 이 글을 맺는다.

> "거짓은 전염성이 강하다. 진실보다 여행하기를 좋아하는 거짓은 반복적으로 퍼져가며 의식과 말 속으로 스며든다. 그래서 우리는 남의 생각을 자신의 생각인 양 말하고, 시류에 맞는 것을 쉽게 믿는다. 그 과정에서 정신과 의지는 오염되고 썩는다.
>
> 그렇다면 거짓은 어떻게 알아볼까? **확신할수록 거짓일 가능성이 높다. 거짓을 말하는 사람일수록 의심하지 않고 완고하며, 의문을 품지 않고 다 아는 체하고 언제나 이해하는 척한다."**

▶ 드빌레르, 『모든 삶은 흐른다』

‘금도’라는 말, 제대로 알고나 쓰자

요즘 신문과 방송에서 가장 많이 접하는 단어의 하나가 ‘금도’라는 단어인 것 같다. 여당과 야당의 정치 싸움이 극한 대결로 치달으면서 서로 상대방이 ‘금도’를 넘어섰다고 비난하기 바쁘다. 정치인뿐 아니라 글쓰기를 업으로 삼고 있는 기자들까지 정치, 연예, 스포츠 기사에서 ‘금도를 넘어섰다’는 표현을 마구 쓰고 있다. 결론부터 말하면 이들 대부분이 ‘금도’라는 단어를 잘못 사용하고 있다는 것이다. 일단 ‘금도’라는 표현이 사용된 기사의 예를 들어보자.

> 20일 더불어민주당 최고위원회의에서 김태년 최고위원은 “어제 문재인 대통령을 겨냥한 주 원내대표의 말에 대해 한 말씀 드리지 않을 수 없다”며 “아무리 생각해 봐도 정치 도의와 금도를 넘어선 발언”이라고 비판했다.

–『중앙일보』 2021.1.21.

주호영 국민의힘 원내대표가 여당의 고위공직자범죄수사처(공수처)법 개정안 강행 등과 관련, "김영삼·김대중·노무현 전 대통령이 울고 계신다"며 "대한민국 공화정이 무너지고 있다"고 한 것을 두고 30일 더불어민주당은 "금도를 넘었다"며 즉각 사과를 촉구했다.

–『매일신문』 2020.11.30.

부부 둘만 알던 성생활부터 이혼한 부부의 재회까지. 이제 부부 예능에 금도는 사라졌다.

–『연합뉴스』 2020.11.28.

그런데 최근 네트를 사이에 두고 선수와 감독 간의 신경전과 감정싸움이 격화하고 있다. 프로배구 출범 후 세리머니를 놓고 이처럼 논란이 뜨거운 적이 없었다. 선수들의 감정 표현, 세리머니의 금도는 어디까지일까.

–『일간스포츠』 2020.11.28.

추 장관은 김 의원의 질문에 "내 아들은 아무 문제가 없다. 의원이 이 사건의 진의와 제 아들을 관련시키는 질문을 하는 것은 바람직하지 않다. 질의에도 금도가 있다"고 답했다.

– 『머니S』 2020.07.22.

대통령실 고위 관계자도 "김 전 의장의 회고록은 정치적 금도를 넘어선 것"이라며 "자기 책 장사를 하려고 윤 대통령과의 대화를 곡해해 일방적으로 공개했다"고 지적했다.

– 『중앙일보』 2024.06.28.

광복절이 지나도 계속되는 야권의 '친일몰이'는 가관이다. 대통령을 겨냥한 '친일몰이'는 금도를 넘었다.

– 『시사저널』 2024.08.30. (「쓴소리 곧은 소리 논설」)

문맥으로 보아 이들 정치인들이나 기자들은 '금도'라는 단어를 '넘어서는 안 될 선', '지켜야 할 예의나 도리' 정도의 뜻으로 생각하고 쓴 것 같다. 아마 '금도'의 '금'을 '금할 금(禁)'으로 생각하고 대충 '금기' 비슷한 뜻으로 생각하여 쓰고 있는 것 같은데, 그런 뜻의 '금도(禁道, 혹은 禁度)'라는 단어는 우리말에 있지도 않으며 사전에 나오지도 않는 말이다.

본래 우리말에서 '금도'라는 말은 "금도를 가져야 한다.", "금도가 있다.", "금도가 부족하다."와 같이 쓸 수 있는 말로,

그 뜻은 '다른 사람을 포용할 만한 도량(度量)'이라는 뜻이며 '옷깃 금(襟)' 자를 써서 '襟度'라고 쓴다. 그러니까 말 그대로 '마음 옷깃의 넓이'가 '금도'다. '옷깃 금'을 쓰는 단어로는 '금도' 말고 '흉금(胸襟)을 터놓다'라는 말의 '금'도 '옷깃 금'이다.

이처럼 '금도'는 '도량'의 뜻으로 쓰이는 단어인데, 일부 정치인이나 기자들이 그 뜻을 '지켜야 할 어떤 도리나 예의'의 뜻일 것으로 오해한 데서 문제가 생긴 것으로 보인다. 그래서 언제부턴가 신문 기사나 정당의 성명에서 '금도를 넘었다'느니 '금도를 지켜라'느니 하는 국적 불명, 어원 불상의 희한한 표현이 난무하게 된 것 같다. 언어 사용에서 모범이 되어야 할 신문 · 방송 기자나 정치인들이 그렇게 쓰기 시작하니 일반인들까지 덩달아 그런 뜻으로 알고 쓰게 되어 혼란은 더욱 가속화되고 있다. 결국 단어의 뜻에 대한 무지와 정확한 의미를 확인해 보려는 근면 성실성, 책임감의 부족이 이러한 사태를 빚은 것이겠지만, 여야 간, 진영 간의 극한 대립의 상황이 또한 그러한 표현을 경쟁적으로 쓰도록 부추기는 측면도 있다고 생각된다.

언어는 사회적 약속이다. 그리고 그 약속의 증거 문서가 사전이다. 그런데 사전에도 없을 뿐 아니라, 우리말에 원래 있지도 않은 말을 쓴다는 건 언어를 자의적으로 쓰겠다는 것이나 마찬가지다. 이렇게 되면 여당이 생각하는 금도와 야당이 생각하는 금도가 다를 것이며, 한 신문에서 금도가 넘었다고 하는 사안이 다른 신문에서는 정상적인 행위일 수도 있는 것이다. 이쯤 되면 언어의 사회성은 무너지게 되는 것이며, 저마다 자기만이 옳고 상대방은 금도를 넘어섰다고 우기게 될 것이 불을 보듯 뻔하다. 마치 계약서도 없는데 부채 상환을 강요하거나, 있지도 않은 법을 내세워 불법이라고 잡아가는 것처럼 황당한 일이다.

국회의원이나 기자라는 사람들이 우리말에 없을 뿐 아니라, 사전에도 없는 말을 쓰는 것은 정말 보기 민망하다. 굳이 어떤 지켜야 할 선을 넘었다고 말하고 싶을 때는 "도(道)를 넘었다.", "정도(正道)를 벗어났다.", "상도(常道)에 어긋난다." 같은 표현을 쓸 수 있을 것이다.

동네에서 골목 축구를 하더라도 기본적 룰(rule)은 정해놓고 해야 한다. 룰을 지키고 안 지키고는 그다음 문제다. 그런데 지금 이 나라 정치에는 아예 룰 자체가 없으며, 그 단적인 예가 툭 하면 금도를 넘었다고 상대방을 공격하는 일이다. 금도라는 단어 자체가 없는데, 서로 상대방이 금도를 넘었다고 우기며 밑도 끝도 없이 싸우고 있으니, 정말 골목 축구 하는 애들 보기 부끄러운 일이다.

여야 간, 진영 간에 서로가 생각이 다른 것은 당연한 일이고, 서로 논리와 예의를 갖추어 비판하는 것도 민주사회에서는 바람직한 일이다. 그러나 툭 하면 있지도 않은 금도를 넘었다고 억지를 부리며, 심지어 상대방의 인격을 비하하고 조롱하거나 막말, 욕설로 공격하는 일은 상대방뿐 아니라 자신에게도 '누워서 침 뱉기'가 되고 말 것이다. 이런 사태를 막고 품격 있는 정치를 이루기 위해서는 정확하고 품위 있는 언어의 사용이라는 룰이 먼저 세워져야 할 것이다.

모름지기 여야 정치인들이나 논객들은 상대 정당이나 진영에 대해 비판할 때라도 명확한 기준과 논리, 그리고 넉넉한 금도(襟度)를 가지고, 바르고 품격 있는 말과 글을 써야 할 것이다.

끝으로 '금도(襟度)'라는 단어를 제대로 사용한 '희귀한' 예를 소개한다.

요즘 정치인들은 주로 페이스북에 글을 올려 싸우는데, 언어가 천박하고 금도(襟度)와 아량은커녕 상대를 인정하는 여유도, 승복하는 일도 없어 시정잡배들의 이전투구로 보이는 경우가 많다. 논리는 뒷전이고 말꼬리 잡기 싸움 일색이다. 그에 비하면 그릇 논쟁은 그래도 좀 영양가가 있지 않을까 싶다.

– 『임철순의 즐거운 세상』 (브라보마이라이프, 2020.09.23.)

우리가 가끔 사용하는 "금도를 넘어섰다"거나 "금도를 벗어나지 말아야 한다"는 말은 정확한 표현이 아니다. 금도는 넘지 말아야 할 기준 혹은 수준(禁度)을 뜻하는 게 아니기 때문이다. 금도에서 금은 '금할 금(禁)'이 아니라 '옷깃 금(襟)'이다. "옷깃을 여민다"는 말이 있듯 옷깃은 저고리나 두루마기의 목에 둘러대어 앞에서 여밀 수 있도록 된 부분을 이른다.

(중략)

나아가 사실인 양 포장된 온갖 거짓말과 무책임한 말들은 '알 권리'와 '표현의 자유' 뒤에 숨어서 사회 곳곳을 무자비하게 찌르는 '말의 비수'로 진화하고 있다. 온라인상에서는 가짜 뉴스가 확대 재생산되고, 조회수를 늘려 경제적 이익을 추구하려는 저급한 자본주의마저 기승을 부리고 있다. 그야말로 금도가 없는 세상이다.

– 천남수 강원사회연구소장, 『강원도민일보』 (2020.07.22.)

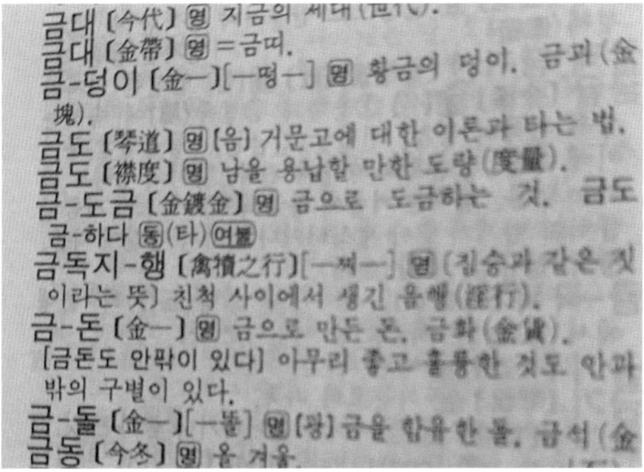
금대〔今代〕명 지금의 세대(世代).
금대〔金帶〕명 =금띠.
금-덩이〔金—〕[—떵—] 명 황금의 덩이. 금괴(金塊).
금도〔琴道〕명〔음〕거문고에 대한 이론과 타는 법.
금도〔襟度〕명 남을 용납할 만한 도량(度量).
금-도금〔金鍍金〕명 금으로 도금하는 것. 금도금-하다 동(타)여불
금독지-행〔禽犢之行〕[—찌—] 명 (짐승과 같은 짓이라는 뜻) 친척 사이에서 생긴 음행(淫行).
금-돈〔金—〕명 금으로 만든 돈. 금화(金貨).
[금돈도 안팎이 있다] 아무리 좋고 훌륭한 것도 안과 밖의 구별이 있다.
금-돌〔金—〕[—똘] 명〔광〕금을 함유한 돌. 금석(金
금동〔今冬〕명 올 겨울.

▶ 금도(禁道, 혹은 禁度)라는 말은 어떤 사전에도 실려 있지 않다.

'알아야 면장'이 면장(免牆)이라고?

- 면장(免牆) 설의 허구성

최근 들어 "알아야 면장을 하지."라는 속담의 면장이 마을의 '面長'이 아니라 담벼락을 면한다는 '免牆'이라는 주장이 나돌고 있다. '面長'과 '免牆', 어느 것이 맞는지 문헌을 통해 검증해 보기로 한다.

■ 免牆 설의 근거와 논리

免牆 설 주장자들이 근거로 제시하는 문헌은 『논어(論語)』와 『서경(書經)』, 『명심보감(明心寶鑑)』 등인데, 그중 가장 대표적으로 거론되는 『논어』의 「양화편」을 보면 다음과 같이 되어 있다.

> 子謂伯魚曰, "女爲周南召南矣乎 人而不爲周南召南 其猶正牆面而立也與"
>
> 공자가 (아들) 백어에게 일러 말하기를, "너는 주남과 소남을

배웠느냐? 사람이 되어서 주남과 소남을 배우지 않는다면 그것은 아마 담벼락(牆)을 똑바로 마주 보고(面) 서 있는(立) 것과 같을 것이다!"

그러니까 공자가 아들 백어에게 『시경(詩經)』의 「주남편」과 「소남편」을 읽지 않으면 '장면이립(牆面而立)', 즉 담벼락에 막혀선 것처럼 무엇을 내다볼 수도 없고, 나갈 수도 없어 답답해진다고 말했는데, 여기서 나온 "장면이립(牆面而立)"이 "알아야 면장을 하지."라는 속담의 유래라는 것이다. (참고로 주남과 소남은 『시경』의 첫 부분에 실린 편명이며, 주로 민요시들로 이루어져 있다.)

그런데 '장면이립(牆面而立)'과 '알아야 면장'은 거리가 멀어도 너무 멀어 보인다. 이에 대해 免牆 설 주장자들은 이렇게 설명한다.

a. 주남, 소남을 읽지 못하면 牆面, 즉 담벼락에 막히게 된다.
b. 이 牆面은 거꾸로 面牆이라고 말하기도 한다.
c. 이를 면(免)하려면, 즉 免面牆하려면 주남, 소남을 읽어야 한다.
d. 이 免面牆이 줄어서 免牆이 되었다.
e. "주남, 소남을 읽어야 免牆을 하지."라는 말이 확대되어 "알아야 免牆을 하지."라는 속담이 나왔다.

■ 免牆 설에 대한 반론

일단 『논어』에 "장면이립(牆面而立)"이라는 말이 나오는 것은 사실이고, 이에서 '免面牆'이라는 표현이 생겼다는 것도 여러 문헌에서 확인되니, a에서 c까지는 어느 정도 사실이다. 그런데 문제는 d부터다.

免面牆이 줄어서 免牆이 되었다는 이들의 주장은 어떤 용례나 문헌적 근거도 없다. 실제로 현재의 국어사전이나 고어사전에는 免牆이라는 단어 자체가 나오지 않는다. 그러니까 免牆이라는 단어는 어떤 사전이나 문헌에도 실려 있지 않은, 우리말에 아예 없는 말로서, 免牆 설을 주장하는 사람들이 『논어』의 '장면이립(牆面而立)'과 '알아야 면장'이라는 속담을 연관시키기 위해서 억지로 만들어 낸 최신 신조어일 뿐이다. 免牆이라는 단어가 없는데, '알아야 免牆'이라는 속담이 생겼다는 것은 더더욱 어불성설이다.

인터넷을 검색해 보면 이 신조어 免牆이 등장한 것이 대략 2000년대 초쯤인 것 같다. 2000년대 초 무렵 누군가 免牆 설을 주장하며 만들어 낸 免牆이라는 신조어가 (그들의 주장에 따르면 그 훨씬 전 조선 시대부터 있었다는) "알아야 면장을 하지."라는 속담의 유래가 될 수 없다는 것은 상식에 속하는 일이다. 그러니 免牆 설은 시간적으로 따져 보아도 원천적으로 성립될 수 없는 허구다. 그런데도 사람들이 무려 공자님 말씀이라고 하니까 그런가 싶어 부화뇌동하여 퍼 나르다 보니 걷잡을 수 없이 퍼진 것에 불과하다. 결론적으로 免牆 설은 속담 '알아야 면장'과 『논어』의 '장면이립(牆面而立)'의 음운적 유사성만을 가지고 억지로 꿰맞춘, 일종의 터무니없는 민간어원*일 뿐이다.

■ 문헌 검토

免牆 설 주장자들은 속담 '알아야 免牆'이 『논어』「양화편」에서 유래되어 이미 조선 시대부터 있었다고 주장한다. 그러나 조선 시대의 대표적 속담집인 정약용의 『이담속찬』이나 홍만종의 『순오지』, 이덕무의 『열상방언』 등을 눈을 씻고 찾아보아도 '알아야 免牆'이라는 속담은 등장하지 않는다. 속담집뿐 아니라 조선 시대 어떤 문헌에도 '알아야 免牆'이라는 속담은 등장하지 않는다.

---

* 민간어원(民間語源): 언어학적 방법이나 사실을 바탕으로 연구되지 않고, 민간에서 속설로 믿어지고 있는 어원. 임진왜란 전에 발간된 책에 '행주치마'라는 말이 이미 있는데도 임진왜란 때 행주(幸州)에서의 싸움과 관련지어 유래를 설명하는 것 따위이다.

그러면 이들 속담집에 '알아야 面長'은 등장할까? '알아야 面長'도 등장하지 않는다. 조선 시대에는 면장이라는 직제가 없었으니 '알아야 面長'이라는 속담이 있을 수가 없는 것이다.

그런데 최근의 속담집인 이기문의 〈속담사전(1962년)〉과 송재호의 〈우리말 속담큰사전(2006년)〉을 보면 '알아야 면장'이라는 속담이 비로소 등장한다. 그리고 이들 사전에는 명확히 '面長'이라고 한자로 병기되어 있다. 여기서 알 수 있는 것은 '알아야 면장'이라는 속담은 免牆 설 주장자들의 말과 달리, 조선 시대에는 없었다가 근세에 생긴 신생 속담이며, 이때 면장은 면의 책임자인 面長이라는 것이다. 그러니까 이 속담은 면장이라는 직제가 생긴 일제 이후에 생긴 신생 속담임을 문헌적 증거를 통해 확인할 수 있다는 것이다.

이런 사실은 국어사전에서도 확인된다.

〈표준국어대사전〉의 '알다' 항의 예문에는 속담 '알아야 면장을 하지'를 이렇게 풀이하고 있다.

> 어떤 일이든 그 일을 하려면 그것에 관련된 학식이나 실력을 갖추고 있어야 함을 비유적으로 이르는 말.

금성출판사의 〈그랜드 국어사전〉에도 '알다' 항의 예문으로 이렇게 설명하고 있다.

> [알아야 면장을 하지] 무슨 일을 하려면, 특히 윗사람이 되려면 실력과 견식이 있어야 한다는 말.

한편 〈고려대 한국어대사전〉에서는 '배우다' 항의 예문으로 속담 '배워야 면장이다'를 제시하고 그 뜻풀이에서 면장이 面長이라고 풀이하고 있다.

> (속담) 배워야 면장이다: 마을의 어른인 면장 노릇을 하려면 어느 정도 아는 것이 있어야 한다는 뜻으로, 윗사람이 되어 다른 사람을 지도하려면 아는 것이 있어야 함을 비유적으로 이르는 말.

이처럼 국어사전의 설명도 '알아야 면장'은 담벼락과는 전혀 상관없이, 어떤 일이나 윗사람 노릇, 마을의 어른인 면장 노릇에 관한 것으로 분명히 풀이되어 있다.

이상의 문헌적 근거를 통해 '알아야 면장'이라는 속담은 근세 이후에 생긴 것이며, 이때 면장은 免牆이 아니라 面長임을 분명히 알 수 있다. 免牆 설 주장자들은 조선 시대의 속담집이나 최근의 속담 사전, 국어사전 등 기본 문헌 자료조차도 검토하지 않은 채 단지 『논어』의 '牆面而立'과 일부 문헌의 '免面牆'만 가지고 억지 논리로 꿰맞춘 것으로 보인다.

■ 면장의 자격

실제로 우리 언중들은 '알아야 면장'을 당연히 面長이라고 생각하고 써 왔다. 면장 노릇이라도 하려면 어느 정도의 학식과 실력이 있어야 하니, 실력 배양에 힘써야 한다는 것이 속담의 교훈성이나 민중적 공감성에도 부합하고 자연스럽다. 반면 무엇을 알아야 담벼락을 마주 보는 일을 면한다는 免牆 설은 의미로 보아도 생뚱맞고 억지스러우며 일반적 생활 감각에도 맞지 않다.

그런데 하필 面長을 콕 집어서 학식과 실력이 있어야 한다는 말이 나왔을까? 일단 面長이라는 직책이 비교적 하급직이니, 面長도 그렇다면 더 높은 직위야 더 말할 것도 없는 셈이 된다. 따라서 '알아야 面長'은 의미상으로도 대표성과 타당성을 가지고 있다고 할 수 있다.

면장이라는 직제가 처음 생긴 건 일제 초기다. 이 당시, 졸

지에 면장이 된 사람들 중에는 일본어 구사 능력이나 사무 행정 능력이 부족했던 사람들이 많았던 모양이다. 그래서 면장이라도 해 먹으려면 뭘 좀 알아야겠다는 자각 내지 뭘 알지도 못하니 면장 노릇도 제대로 못 한다는 푸념 삼아 "알아야 면장을 하지."라는 속담이 생겼을 역사적 개연성이 크다.

이러한 상황과 관련된 일제 때의 신문 기사를 소개한다. 어느 역사학자의 페이스북에서 가져온 일제 때의 신문 기사다.

> **면장 자격의 필택(必擇)**
>
> 면장은 一面의 公吏라 一面 대소사를 처리하는 동시에 반드시 상부의 지휘 및 명령을 선포하야 인민으로 하여금 주지케 할지어늘 지방 近聞을 據하건대 모 면장은 公結에 대하야 幾分을 加捧한다, 모 면장은 면내의 事를 專制로 처결한다 하야 百弊俱興함은 매거키 難하거니와 最히 자격이 不合할 자는 無識面長이 是已라.
>
> 某郡을 물론하고 면장이 회집하면 識字하는 면장은 1,2인에 불과할지니 彼無識한 면장이 엇지 公吏의 사무를 처리하리오. 況今 政體가 新立하야 法令이 日出함에 雖博識敏活한 자이라도 오해가 不無하거든 此無識輩가 그 해석을 능히 할가. 是以로

> 公文이 至하면 何物인지 不知하고 案塵에 퇴적하며, 인민이 혹시 공문의 의미를 問하면 망연不知하니 若期限이 有한文牒이야 그 狼狽가 何如하뇨. 凡他行動은 預知키 難하거니와 面長의 資格을 擇할 시에 爲先 識字하는 人을 擇함이 可하다 하노라.
>
> –『매일신보』 1912.03.08. 사설*

이 사설에 따르면 '면장(面長)의 자격을 택할 시에 우선 식자(識字)하는 인(人)을 택함이 가하다' 했으니 "알아야 면장을 하지."라는 속담과 의미하는 바가 일치한다.

■ 맺는말

이상으로 보아 "알아야 면장을 하지."의 면장은 문헌적 근거로도 面長임이 분명하고, 이는 역사적 상황과도 일치한다. 무엇보다도 우리 언중들은 오랫동안 당연히 面長으로 알고 써왔으며, 그것이 우리의 생활 감각에도 자연스럽게 부합된다.

그런데도 최근 '알아야 면장'을 免牆이라고 하는 주장이 등장한 것은 『논어』나 『서경』의 '장면이립(牆面而立)'이 '알아야 면장'과 음운적으로 유사하며, 『시경』의 주남과 소남을 읽는 것

* 박찬승님의 페이스북에서 인용.

도 일종의 공부라는 점에 착안하여 억측한, 터무니없는 민간 어원일 뿐이다.

속담의 주인은 공자도 아니고 한학자도 아닌, 평범한 우리 언중이다. 우리 언중이 '알아야 면장'을 당연히 面長이라고 믿고 써 온 데는 다 그만한 이유가 있는 것이다. 한문 좀 읽었다고 근거도 없이 멀쩡한 우리 속담을 비틀어 견강부회하고 부화뇌동할 일이 아니다.

(추기: 한편 일각에서는 '알아야 면장을 한다'의 '면장'을 종교적 진리를 알아야 장례를 면한다는 '免葬', 요령을 알아야 곤장 맞을 일을 면한다는 '免杖'으로 풀이하는 경우도 있으나, 이 역시 어떤 문헌적, 어학적 근거도 없는 억지 낭설일 뿐이다.)

롯데가 8위에 '등극'했다고?

2024년 6월 7일 프로야구 경기에서 롯데가 SSG를 꺾고 9위에서 8위로 한 계단 올라섰다. 다음은 이에 관한 어느 언론의 기사 제목이다.

> '8위 등극' 김태형 감독, "김원중 2이닝 잘 막았고 6회 레이예스 타점으로 승리" (2024.06.08.)

오래간만에 꼴찌 롯데가 8위에 오른 것은 경하할 일이겠지만, 그래도 이런 걸 '등극'이라고 하는 건 아니다.

'등극'은 〈표준국어대사전〉에 이렇게 풀이되어 있다.

등극(登極)

1. 임금의 자리에 오름

예) 쇄국 정책은 1864년 12월, 철종의 뒤를 이은 고종의 등극과 아울러 대원군이 집권하게 되면서부터 최고조에 달했다. (출처: 안수길, 『북간도』)

2. 어떤 분야에서 가장 높은 자리나 지위에 오름.

예) 국제대회 정상 등극.

그러니까 '등극'은 임금의 자리나 어떤 분야의 최고 위치에 오르는 경우에 한해서만 쓰는 단어다. 그런데도 언론 보도를 보면 '등극'이 잘못 쓰인 경우가 너무 많다. 최근 기사만 뽑아 보아도 이 정도다.

* '슈퍼을' ASML의 고공행진…LVMH 제치고 유럽 시총 2위 등극 (2024.06.07.)
* 진격의 알테오젠, 에코프로 밀어내고 시총 2위 등극 (2024.06.07.)
* 이강인 다음은 주민규, 34세에 A매치 데뷔골-최고령 득점자 8위 등극…한국 2-0 싱가포르 (2024.06.06.)
* 리센느, 데뷔 활동 성공적 마무리…첫 앨범 초동 10위 등극 (2024.06.07.)

* 뉴진스 '하우 스위트', 美 빌보드 '버블링 언더 핫 100' 12위 등극 (2024.06.05.)
* '퓨리오사' 2주 연속 주말 1위…'범죄도시4' 역대 흥행 25위 등극 (2024.06.03.)

이런 식이라면 프로야구에서 1위부터 9위까지를 다 등극했다고 해야 할 것이다. 심지어는 순위와 관계도 없는 일에까지 '등극'은 사용된다.

* 김성령, 57세 동안 미모의 할머니 등극…근황 공개 (2024.06.06.)
* 데프콘 "최근 30kg 빠졌다" 미남 된 다이어트 근황…이상형 등극까지 (2024.06.07.)
* PL 최악의 '관심 종자' 등극… 매디슨 대표팀 탈락에 '조롱' 폭발→ 뒤끝 '작렬' (2024.06.07.)

'등극'이 잘못 사용된 경우를 최근 것만 찾아보아도 이 정도다. 그러나 앞에서 말한 대로 '등극'은 임금의 자리에 오르거나 최고의 위치에 오르는 경우에 한해서 쓸 수 있는 말이다. 1위가 아닌 경우는 '등극'이 아니라 '8위로 순위 상승', '2위로 올라' 정도로 쓰면 될 것이다. 다음은 '등극'을 제대로 사용한 기사 제목들이다.

* ‘크래시’ 6.1%로 월화드라마 1위 등극…10년 전 이민기 교통사고 행방은? (2024.06.04.)
* ‘메이저 370승 역대 1위 등극’ 조코비치, 롤랑가로스 8강 진출입 (2024.06.04.)
* 삼성전자, 38개국 스마트폰 시장서 1위 등극…“갤럭시 S24 덕” (2024.06.03.)

기자들이 단어의 뜻도 제대로 모르고 기사를 쓴다면 언론에 대한 신뢰도는 그만큼 더 떨어질 수밖에 없을 것이다. 부디 기자들은 잘 모를 때는 사전이라도 한번 찾아보고 쓰는 성의라도 보여 주기를 독자는 간절히 바란다.

부록

〈부록 1〉
문화체육관광부고시 제2017-13호

표준어 규정

제1부 표준어 사정 원칙

제1장 총칙

제1항 표준어는 교양 있는 사람들이 두루 쓰는 현대 서울말로 정함을 원칙으로 한다.

제2항 외래어는 따로 사정한다.

제2장 발음 변화에 따른 표준어 규정

제1절 자음

제3항 다음 단어들은 거센소리를 가진 형태를 표준어로 삼는다.(ㄱ을 표준어로 삼고, ㄴ을 버림.)

ㄱ	ㄴ	비 고
끄나풀	끄나불	
나팔-꽃	나발-꽃	
녘	녁	동~, 들~, 새벽~, 동틀 ~.
부엌	부억	
살-쾡이	삵-괭이	
칸	간	1. ~막이, 빈~, 방 한 ~. 2. '초가삼간, 윗간'의 경우에는 '간'임.
털어-먹다	떨어-먹다	재물을 다 없애다.

제4항 다음 단어들은 거센소리로 나지 않는 형태를 표준어로 삼는다.(ㄱ을 표준어로 삼고, ㄴ을 버림.)

ㄱ	ㄴ	비 고
가을-갈이	가을-카리	
거시기	거시키	
분침	푼침	

제5항 어원에서 멀어진 형태로 굳어져서 널리 쓰이는 것은, 그것을 표준어로 삼는다.(ㄱ을 표준어로 삼고, ㄴ을 버림.)

ㄱ	ㄴ	비 고
강낭-콩	강남-콩	
고삿	고샅	겉~, 속~.
사글-세	삭월-세	'월세'는 표준어임.
울력-성당	위력-성당	떼를 지어서 으르고 협박하는 일.

다만, 어원적으로 원형에 더 가까운 형태가 아직 쓰이고 있는 경우에는, 그것을 표준어로 삼는다.(ㄱ을 표준어로 삼고, ㄴ을 버림.)

ㄱ	ㄴ	비 고
갈비	가리	~구이, ~찜, 갈빗-대.
갓모	갈모	1. 사기 만드는 물레 밑 고리. 2. '갈모'는 갓 위에 쓰는, 유지로 만든 우비.
굴-젓	구-젓	
말-곁	말-겻	
물-수란	물-수랄	
밀-뜨리다	미-뜨리다	
적-이	저으기	적이-나, 적이나-하면.
휴지	수지	

제6항 다음 단어들은 의미를 구별함이 없이, 한 가지 형태만을 표준어로 삼는다.(ㄱ을 표준어로 삼고, ㄴ을 버림.)

ㄱ	ㄴ	비 고
돌	돐	생일, 주기.
둘-째	두-째	'제2, 두 개째'의 뜻.
셋-째	세-째	'제3, 세 개째'의 뜻.
넷-째	네-째	'제4, 네 개째'의 뜻.
빌리다	빌다	1. 빌려주다, 빌려 오다. 2. '용서를 빌다'는 '빌다'임.

다만, '둘째'는 십 단위 이상의 서수사에 쓰일 때에 '두째'로 한다.

ㄱ	ㄴ	비 고
열두-째		열두 개째의 뜻은 '열둘째'로.
스물두-째		스물두 개째의 뜻은 '스물둘째'로.

제7항 수컷을 이르는 접두사는 '수-'로 통일한다.(ㄱ을 표준어로 삼고, ㄴ을 버림.)

ㄱ	ㄴ	비 고

수-꿩	수-퀑/숫-꿩	'장끼'도 표준어임.
수-나사	숫-나사	
수-놈	숫-놈	
수-사돈	숫-사돈	
수-소	숫-소	'황소'도 표준어임.
수-은행나무	숫-은행나무	

다만 1. 다음 단어에서는 접두사 다음에서 나는 거센소리를 인정한다. 접두사 '암-'이 결합되는 경우에도 이에 준한다.(ㄱ을 표준어로 삼고, ㄴ을 버림.)

ㄱ	ㄴ	비 고
수-캉아지	숫-강아지	
수-캐	숫-개	
수-컷	숫-것	
수-키와	숫-기와	
수-탉	숫-닭	
수-탕나귀	숫-당나귀	
수-톨쩌귀	숫-돌쩌귀	
수-퇘지	숫-돼지	
수-평아리	숫-병아리	

다만 2. 다음 단어의 접두사는 '숫-'으로 한다.(ㄱ을 표준어로 삼고, ㄴ을 버림.)

ㄱ	ㄴ	비 고
숫-양	수-양	
숫-염소	수-염소	
숫-쥐	수-쥐	

제2절 모음

제8항 양성 모음이 음성 모음으로 바뀌어 굳어진 다음 단어는 음성 모음 형태를 표준어로 삼는다.(ㄱ을 표준어로 삼고, ㄴ을 버림.)

ㄱ	ㄴ	비 고
깡충-깡충	깡총-깡총	큰말은 '껑충껑충'임.
-둥이	-동이	←童-이. 귀-, 막-, 선-, 쌍-, 검-, 바람-, 흰-.
발가-숭이	발가-송이	센말은 '빨가숭이', 큰말은 '벌거숭이, 뻘거숭이'임.
보퉁이	보통이	
봉죽	봉족	←奉足. ~꾼, ~들다.

뻗정-다리	뻗장-다리	
아서, 아서라	앗아, 앗아라	하지 말라고 금지하는 말.
오뚝-이	오똑-이	부사도 '오뚝-이'임.
주추	주초	←柱礎. 주춧-돌.

다만, 어원 의식이 강하게 작용하는 다음 단어에서는 양성 모음 형태를 그대로 표준어로 삼는다.
(ㄱ을 표준어로 삼고, ㄴ을 버림.)

ㄱ	ㄴ	비 고
부조(扶助)	부주	~금, 부좃-술.
사돈(査頓)	사둔	밭~, 안~.
삼촌(三寸)	삼춘	시~, 외~, 처~.

제9항 'ㅣ' 역행 동화 현상에 의한 발음은 원칙적으로 표준 발음으로 인정하지 아니하되, 다만 다음 단어들은 그러한 동화가 적용된 형태를 표준어로 삼는다.(ㄱ을 표준어로 삼고, ㄴ을 버림.)

ㄱ	ㄴ	비 고
-내기	-나기	서울-, 시골-, 신출-, 풋-.
냄비	남비	
동댕이-치다	동당이-치다	

[붙임 1] 다음 단어는 'ㅣ' 역행 동화가 일어나지 아니한 형태를 표준어로 삼는다.(ㄱ을 표준어로 삼고, ㄴ을 버림.)

ㄱ	ㄴ	비 고
아지랑이	아지랭이	

[붙임 2] 기술자에게는 '-장이', 그 외에는 '-쟁이'가 붙는 형태를 표준어로 삼는다.(ㄱ을 표준어로 삼고, ㄴ을 버림.)

ㄱ	ㄴ	비 고
미장이	미쟁이	
유기장이	유기쟁이	
멋쟁이	멋장이	
소금쟁이	소금장이	
담쟁이-덩굴	담장이-덩굴	
골목쟁이	골목장이	
발목쟁이	발목장이	

제10항 다음 단어는 모음이 단순화한 형태를 표준어로 삼는다.(ㄱ을 표준어로 삼고, ㄴ을 버림.)

ㄱ	ㄴ	비 고
괴팍-하다	괴퍅-하다/괴팩-하다	
-구먼	-구면	
미루-나무	미류-나무	←美柳~.
미륵	미력	←彌勒. ~보살, ~불, 돌~.
여느	여늬	
온-달	왼-달	만 한 달.
으레	으례	
케케-묵다	켸켸-묵다	
허우대	허위대	
허우적-허우적	허위적-허위적	허우적-거리다.

제11항 다음 단어에서는 모음의 발음 변화를 인정하여, 발음이 바뀌어 굳어진 형태를 표준어로 삼는다.(ㄱ을 표준어로 삼고, ㄴ을 버림.)

ㄱ	ㄴ	비 고
-구려	-구료	
깍쟁이	깍정이	1. 서울~, 알~, 찰~. 2. 도토리, 상수리 등의 받침은 '깍정이'임.
나무라다	나무래다	
미수	미시	미숫-가루.
바라다	바래다	'바램[所望]'은 비표준어임.
상추	상치	~쌈.
시러베-아들	실업의-아들	
주책	주착	←主着. ~망나니, ~없다.
지루-하다	지리-하다	←支離.
튀기	트기	
허드레	허드래	허드렛-물, 허드렛-일.
호루라기	호루루기	

제12항 '웃-' 및 '윗-'은 명사 '위'에 맞추어 '윗-'으로 통일한다.(ㄱ을 표준어로 삼고, ㄴ을 버림.)

ㄱ	ㄴ	비 고
윗-넓이	웃-넓이	
윗-눈썹	웃-눈썹	
윗-니	웃-니	
윗-당줄	웃-당줄	
윗-덧줄	웃-덧줄	

윗-도리	웃-도리	
윗-동아리	웃-동아리	준말은 '윗동'임.
윗-막이	웃-막이	
윗-머리	웃-머리	
윗-목	웃-목	
윗-몸	웃-몸	~ 운동.
윗-바람	웃-바람	
윗-배	웃-배	
윗-벌	웃-벌	
윗-변	웃-변	수학 용어.
윗-사랑	웃-사랑	
윗-세장	웃-세장	
윗-수염	웃-수염	
윗-입술	웃-입술	
윗-잇몸	웃-잇몸	
윗-자리	웃-자리	
윗-중방	웃-중방	

다만 1. 된소리나 거센소리 앞에서는 '위-'로 한다.(ㄱ을 표준어로 삼고, ㄴ을 버림.)

ㄱ	ㄴ	비 고
위-짝	웃-짝	
위-쪽	웃-쪽	
위-채	웃-채	
위-층	웃-층	
위-치마	웃-치마	
위-턱	웃-턱	~구름[上層雲].
위-팔	웃-팔	

다만 2. '아래, 위'의 대립이 없는 단어는 '웃-'으로 발음되는 형태를 표준어로 삼는다.(ㄱ을 표준어로 삼고, ㄴ을 버림.)

ㄱ	ㄴ	비 고
웃-국	윗-국	
웃-기	윗-기	
웃-돈	윗-돈	
웃-비	윗-비	~걷다.
웃-어른	윗-어른	
웃-옷	윗-옷	

제13항 한자 '구(句)'가 붙어서 이루어진 단어는 '귀'로 읽는 것을 인정하지 아니하고, '구'로 통

일한다.(ㄱ을 표준어로 삼고, ㄴ을 버림.)

ㄱ	ㄴ	비 고
구법(句法)	귀법	
구절(句節)	귀절	
구점(句點)	귀점	
결구(結句)	결귀	
경구(警句)	경귀	
경인구(警人句)	경인귀	
난구(難句)	난귀	
단구(短句)	단귀	
단명구(短命句)	단명귀	
대구(對句)	대귀	~법(對句法).
문구(文句)	문귀	
성구(成句)	성귀	~어(成句語).
시구(詩句)	시귀	
어구(語句)	어귀	
연구(聯句)	연귀	
인용구(引用句)	인용귀	
절구(絶句)	절귀	

다만, 다음 단어는 '귀'로 발음되는 형태를 표준어로 삼는다.(ㄱ을 표준어로 삼고, ㄴ을 버림.)

ㄱ	ㄴ	비 고
귀-글	구-글	
글-귀	글-구	

제3절 준말

제14항 준말이 널리 쓰이고 본말이 잘 쓰이지 않는 경우에는, 준말만을 표준어로 삼는다.(ㄱ을 표준어로 삼고, ㄴ을 버림.)

ㄱ	ㄴ	비 고
귀찮다	귀치 않다	
김	기음	~매다.
똬리	또아리	
무	무우	~강즙, ~말랭이, ~생채, 가랑~, 갓~, 왜~, 총각~.
미다	무이다	1. 털이 빠져 살이 드러나다. 2. 찢어지다.
뱀	배암	
뱀-장어	배암-장어	

빔	비음	설~, 생일~.
샘	새암	~바르다, ~바리.
생-쥐	새앙-쥐	
솔개	소리개	
온-갖	온-가지	
장사-치	장사-아치	

제15항 준말이 쓰이고 있더라도, 본말이 널리 쓰이고 있으면 본말을 표준어로 삼는다.(ㄱ을 표준어로 삼고, ㄴ을 버림.)

ㄱ	ㄴ	비 고
경황-없다	경-없다	
궁상-떨다	궁-떨다	
귀이-개	귀-개	
낌새	낌	
낙인-찍다	낙-하다/낙-치다	
내왕-꾼	냉-꾼	
돗-자리	돗	
뒤웅-박	뒹-박	
뒷물-대야	뒷-대야	
마구-잡이	막-잡이	
맵자-하다	맵자다	모양이 제격에 어울리다.
모이	모	
벽-돌	벽	
부스럼	부럼	정월 보름에 쓰는 '부럼'은 표준어임.
살얼음-판	살-판	
수두룩-하다	수둑-하다	
암-죽	암	
어음	엄	
일구다	일다	
죽-살이	죽-살	
퇴박-맞다	퇴-맞다	
한통-치다	통-치다	

[붙임] 다음과 같이 명사에 조사가 붙은 경우에도 이 원칙을 적용한다.(ㄱ을 표준어로 삼고, ㄴ을 버림.)

ㄱ	ㄴ	비 고
아래-로	알-로	

제16항 준말과 본말이 다 같이 널리 쓰이면서 준말의 효용이 뚜렷이 인정되는 것은, 두 가지를 다 표준어로 삼는다.(ㄱ은 본말이며, ㄴ은 준말임.)

ㄱ	ㄴ	비 고
거짓-부리	거짓-불	작은말은 '가짓부리, 가짓불'임.
노을	놀	저녁~.
막대기	막대	
망태기	망태	
머무르다	머물다	모음 어미가 연결될 때에는 준말의
서두르다	서둘다	활용형을 인정하지 않음.
서투르다	서툴다	
석새-삼베	석새-베	
시-누이	시-뉘/시-누	
오-누이	오-뉘/오-누	
외우다	외다	외우며, 외워 : 외며, 외어.
이기죽-거리다	이죽-거리다	
찌꺼기	찌끼	'찌꺽지'는 비표준어임.

제4절 단수 표준어

제17항 비슷한 발음의 몇 형태가 쓰일 경우, 그 의미에 아무런 차이가 없고, 그중 하나가 더 널리 쓰이면, 그 한 형태만을 표준어로 삼는다.(ㄱ을 표준어로 삼고, ㄴ을 버림.)

ㄱ	ㄴ	비 고
거든-그리다	거둥-그리다	1. 거든하게 거두어 싸다. 2. 작은말은 '가든-그리다'임.
구어-박다	구워-박다	사람이 한 군데에서만 지내다.
귀-고리	귀엣-고리	
귀-띔	귀-틤	
귀-지	귀에-지	
까딱-하면	까땍-하면	
꼭두-각시	꼭둑-각시	
내색	나색	감정이 나타나는 얼굴빛.
내숭-스럽다	내흉-스럽다	
냠냠-거리다	얌냠-거리다	냠냠-하다.
냠냠-이	얌냠-이	
너[四]	네	~ 돈, ~ 말, ~ 발, ~ 푼.
넉[四]	너/네	~ 냥, ~ 되, ~ 섬, ~ 자.
다다르다	다닫다	
댑-싸리	대-싸리	
더부룩-하다	더뿌룩-하다/듬뿌룩-하다	
-던	-든	선택, 무관의 뜻을 나타내는 어미
-던가	-든가	는 '-든'임.
-던걸	-든걸	가-든(지) 말-든(지), 보-든(가) 말-

-던고 -던데 -던지 -(으)려고 -(으)려야 망가-뜨리다 멸치	-든고 -든데 -든지 -(으)ㄹ려고/-(으)ㄹ라고 -(으)ㄹ려야/-(으)ㄹ래야 망그-뜨리다 며루치/메리치	든(가).
반빗-아치	반비-아치	'반빗' 노릇을 하는 사람. 찬비(饌婢). '반비'는 밥 짓는 일을 맡은 계집종.
보습	보십/보섭	
본새	뽄새	
봉숭아	봉숭화	'봉선화'도 표준어임.
뺨-따귀	뺌-따귀/뺨-따구니	'뺨'의 비속어임.
뻐개다[斫]	뻐기다	두 조각으로 가르다.
뻐기다[誇]	뻐개다	뽐내다.
사자-탈	사지-탈	
상-판대기	쌍-판대기	
서[三]	세/석	~ 돈, ~ 말, ~ 발, ~ 푼.
석[三]	세	~ 냥, ~ 되, ~ 섬, ~ 자.
설령(設令)	서령	
-습니다	-읍니다	먹습니다, 갔습니다, 없습니다, 있습니다, 좋습니다. 모음 뒤에는 '-ㅂ니다'임.
시름-시름	시늠-시늠	
씀벅-씀벅	썸벅-썸벅	
아궁이	아궁지	
아내	안해	
어-중간	어지-중간	
오금-팽이	오금-탱이	
오래-오래	도래-도래	돼지 부르는 소리.
-올시다	-올습니다	
옹골-차다	공골-차다	
우두커니	우두머니	작은말은 '오도카니'임.
잠-투정	잠-투세/잠-주정	
재봉-틀	자봉-틀	발~, 손~.
짓-무르다	짓-물다	
짚-북데기	짚-북세기	'짚북더기'도 비표준어임.
쪽	짝	편(便). 이~, 그~, 저~. 다만, '아무-쪽'은 '짝'임.

천장(天障)	천정	'천정부지(天井不知)'는 '천정'임.
코-맹맹이	코-맹녕이	
흉-업다	흉-헙다	

제5절 복수 표준어

제18항 다음 단어는 ㄱ을 원칙으로 하고, ㄴ도 허용한다.

ㄱ	ㄴ	비고
네	예	
쇠-	소-	-가죽, -고기, -기름, -머리, -뼈.
괴다	고이다	물이 ~, 밑을 ~.
꾀다	꼬이다	어린애를 ~, 벌레가 ~.
쐬다	쏘이다	바람을 ~.
죄다	조이다	나사를 ~.
쬐다	쪼이다	볕을 ~.

제19항 어감의 차이를 나타내는 단어 또는 발음이 비슷한 단어들이 다 같이 널리 쓰이는 경우에는, 그 모두를 표준어로 삼는다.(ㄱ, ㄴ을 모두 표준어로 삼음.)

ㄱ	ㄴ	비 고
거슴츠레-하다	게슴츠레-하다	
고까	꼬까	~신, ~옷.
고린-내	코린-내	
교기(驕氣)	갸기	교만한 태도.
구린-내	쿠린-내	
꺼림-하다	께름-하다	
나부랭이	너부렁이	

제3장 어휘 선택의 변화에 따른 표준어 규정

제1절 고어

제20항 사어(死語)가 되어 쓰이지 않게 된 단어는 고어로 처리하고, 현재 널리 사용되는 단어를 표준어로 삼는다.(ㄱ을 표준어로 삼고, ㄴ을 버림.)

ㄱ	ㄴ	비 고
난봉	봉	
낭떠러지	낭	
설거지-하다	설겆다	
애달프다	애닯다	

오동-나무 자두	머귀-나무 오얏	

제2절 한자어

제21항 고유어 계열의 단어가 널리 쓰이고 그에 대응되는 한자어 계열의 단어가 용도를 잃게 된 것은, 고유어 계열의 단어만을 표준어로 삼는다.(ㄱ을 표준어로 삼고, ㄴ을 버림.)

ㄱ	ㄴ	비 고
가루-약	말-약	
구들-장	방-돌	
길품-삯	보행-삯	
까막-눈	맹-눈	
꼭지-미역	총각-미역	
나뭇-갓	시장-갓	
늙-다리	노-닥다리	
두껍-닫이	두껍-창	
떡-암죽	병-암죽	
마른-갈이	건-갈이	
마른-빨래	건-빨래	
메-찰떡	반-찰떡	
박달-나무	배달-나무	
밥-소라	식-소라	큰 놋그릇.
사래-논	사래-답	묘지기나 마름이 부쳐 먹는 땅.
사래-밭	사래-전	
삯-말	삯-마	
성냥	화-곽	
솟을-무늬	솟을-문(~紋)	
외-지다	벽-지다	
움-파	동-파	
잎-담배	잎-초	
잔-돈	잔-전	
조-당수	조-당죽	
죽데기	피-죽	'죽더기'도 비표준어임.
지겟-다리	목-발	지게 동발의 양쪽 다리.
짐-꾼	부지-군(負持-)	
푼-돈	분-전/푼-전	
흰-말	백-말/부루-말	'백마'는 표준어임.
흰-죽	백-죽	

제22항 고유어 계열의 단어가 생명력을 잃고 그에 대응되는 한자어 계열의 단어가 널리 쓰이면,

한자어 계열의 단어를 표준어로 삼는다.(ㄱ을 표준어로 삼고, ㄴ을 버림.)

ㄱ	ㄴ	비 고
개다리-소반	개다리-밥상	
겸-상	맞-상	
고봉-밥	높은-밥	
단-벌	홑-벌	
마방-집	마바리-집	馬房~.
민망-스럽다/면구-스럽다	민주-스럽다	
방-고래	구들-고래	
부항-단지	뜸-단지	
산-누에	멧-누에	
산-줄기	멧-줄기/멧-발	
수-삼	무-삼	
심-돋우개	불-돋우개	
양-파	둥근-파	
어질-병	어질-머리	
윤-달	군-달	
장력-세다	장성-세다	
제석	젯-돗	
총각-무	알-무/알타리-무	
칫-솔	잇-솔	
포수	총-댕이	

제3절 방언

제23항 방언이던 단어가 표준어보다 더 널리 쓰이게 된 것은, 그것을 표준어로 삼는다. 이 경우, 원래의 표준어는 그대로 표준어로 남겨 두는 것을 원칙으로 한다.(ㄱ을 표준어로 삼고, ㄴ도 표준어로 남겨 둠.)

ㄱ	ㄴ	비고
멍게	우렁쉥이	
물-방개	선두리	
애-순	어린-순	

제24항 방언이던 단어가 널리 쓰이게 됨에 따라 표준어이던 단어가 안 쓰이게 된 것은, 방언이던 단어를 표준어로 삼는다.(ㄱ을 표준어로 삼고, ㄴ을 버림.)

ㄱ	ㄴ	비 고
귀밑-머리	귓-머리	
까-뭉개다	까-무느다	

막상	마기	
빈대-떡	빈자-떡	
생인-손	생안-손	준말은 '생-손'임.
역-겹다	역-스럽다	
코-주부	코-보	

제4절 단수 표준어

제25항 의미가 똑같은 형태가 몇 가지 있을 경우, 그중 어느 하나가 압도적으로 널리 쓰이면, 그 단어만을 표준어로 삼는다.(ㄱ을 표준어로 삼고, ㄴ을 버림.)

ㄱ	ㄴ	비 고
-게끔	-게시리	
겸사-겸사	겸지-겸지/겸두-겸두	
고구마	참-감자	
고치다	낫우다	병을 ~.
골목-쟁이	골목-자기	
광주리	광우리	
괴통	호구	자루를 박는 부분.
국-물	멀-국/말-국	
군-표	군용-어음	
길-잡이	길-앞잡이	'길라잡이'도 표준어임.
까치-발	까치-다리	선반 따위를 받치는 물건.
꼬창-모	말뚝-모	꼬챙이로 구멍을 뚫으면서 심는 모.
나룻-배	나루	'나루[津]'는 표준어임.
납-도리	민-도리	
농-지거리	기롱-지거리	다른 의미의 '기롱지거리'는 표준어임.
다사-스럽다	다사-하다	간섭을 잘하다.
다오	다구	이리 ~.
담배-꽁초	담배-꼬투리/담배-꽁치/담배-꽁추	
	대-설대	
담배-설대	성냥-일	
대장-일	뒤어-내다	
뒤져-내다	뒤꼭지-치다	
뒤통수-치다	등-칡	
등-나무	등-떠리	
등-때기	등경-걸이	'등'의 낮은말.
등잔-걸이	떡-충이	
떡-보	딸꼭-단추	

똑딱-단추		
매-만지다	우미다	
먼-발치	먼-발치기	
며느리-발톱	뒷-발톱	
명주-붙이	주-사니	
목-메다	목-맺히다	
밀짚-모자	보릿짚-모자	
바가지	열-바가지/열-박	
바람-꼭지	바람-고다리	튜브의 바람을 넣는 구멍에 붙은, 쇠로 만든 꼭지.
반-나절	나절-가웃	
반두	독대	그물의 한 가지.
버젓-이	뉘연-히	
본-받다	법-받다	
부각	다시마-자반	
부끄러워-하다	부끄리다	
부스러기	부스럭지	
부지깽이	부지팽이	
부항-단지	부항-항아리	부스럼에서 피고름을 빨아내기 위하여 부항을 붙이는 데 쓰는, 자그마한 단지.
붉으락-푸르락	푸르락-붉으락	
비켜-덩이	옆-사리미	김맬 때에 흙덩이를 옆으로 빼내는 일, 또는 그 흙덩이.
빙충-이	빙충-맞이	작은말은 '뱅충이'.
빠-뜨리다	빠-치다	'빠트리다'도 표준어임.
뻣뻣-하다	왜긋다	
뽐-내다	느물다	
사로-잠그다	사로-채우다	자물쇠나 빗장 따위를 반 정도만 걸어 놓다.
살-풀이	살-막이	
상투-쟁이	상투-꼬부랑이	상두 튼 이를 놀리는 말.
새앙-손이	생강-손이	
샛-별	새벽-별	
선-머슴	풋-머슴	
섭섭-하다	애운-하다	
속-말	속-소리	국악 용어 '속소리'는 표준어임.
손목-시계	팔목-시계/팔뚝-시계	
손-수레	손-구루마	'구루마'는 일본어임.
쇠-고랑	고랑-쇠	
수도-꼭지	수도-고동	
	숙-지다	

숙성-하다		
순대	골-집	
술-고래	술-꾸러기/술-부대/술-보/술-푸대	
	찬-땀	
식은-땀	신기-스럽다	
신기-롭다	쪽-밤	'신기-하다'도 표준어임.
쌍동-밤	쏜살-로	
쏜살-같이	영판	
아주	안-낚시	
안-걸이	안다미-시키다	씨름 용어.
안다미-씌우다		제가 담당할 책임을 남에게 넘기
	안-슬프다	다.
안쓰럽다	안절부절-하다	
안절부절-못하다	앉은-저울	
앉은뱅이-저울	구슬-사탕	
알-사탕	곁땀-내	
암-내	따라-먹다	
앞-지르다	어린-벌레	
애-벌레	물탄-꾀	
얕은-꾀	펀뜻	
언뜻	노다지	
언제나	워라-말	
얼룩-말	열심-으로	
열심-히	말-담	
입-담	너벅지	
자배기	전선-대	
전봇-대	펴락-쥐락	
쥐락-펴락	-지만서도	
-지만	지어-땡/짓고-땡이	←-지마는.
짓고-땡	짜른-작	
짧은-작	이-찹쌀	
찹-쌀	푸른-콩	
청대-콩	갈-범	
칡-범		

제5절 복수 표준어

제26항 한 가지 의미를 나타내는 형태 몇 가지가 널리 쓰이며 표준어 규정에 맞으면, 그 모두를 표준어로 삼는다.

복수 표준어	비 고

가는-허리/잔-허리	
가락-엿/가래-엿	
가뭄/가물	
가엾다/가엽다	가엾어/가여워, 가엾은/가여운.
감감-무소식/감감-소식	
개수-통/설거지-통	'설겆다'는 '설거지하다'로.
개숫-물/설거지-물	
갱-엿/검은-엿	
-거리다/-대다	가물-, 출렁-.
거위-배/횟-배	
것/해	내 ~, 네 ~, 뉘 ~.
게을러-빠지다/게을러-터지다	
고깃-간/푸줏-간	'고깃-관, 푸줏-관, 다림-방'은 비표준어임.
곰곰/곰곰-이	
관계-없다/상관-없다	
교정-보다/준-보다	
구들-재/구재	
귀퉁-머리/귀퉁-배기	'귀퉁이'의 비어임.
극성-떨다/극성-부리다	
기세-부리다/기세-피우다	
기승-떨다/기승-부리다	
깃-저고리/배내-옷/배냇-저고리	
꼬까/때때/고까	~신, ~옷.
꼬리-별/살-별	
꽃-도미/붉-돔	
나귀/당-나귀	
날-걸/세-뿔	윷판의 쨀밭 다음의 셋째 밭.
내리-글씨/세로-글씨	
넝쿨/덩굴	'덩쿨'은 비표준어임.
녘/쪽	동~, 서~.
눈-대중/눈-어림/눈-짐작	
느리-광이/느림-보/늘-보	
늦-모/마냥-모	←만이앙-모.
다기-지다/다기-차다	
다달-이/매-달	
-다마다/-고말고	
다박-나룻/다박-수염	
닭의-장/닭-장	
댓-돌/툇-돌	
덧-창/겉-창	
독장-치다/독판-치다	

동자-기둥/쪼구미	
돼지-감자/뚱딴지	
되우/된통/되게	
두동-무니/두동-사니	윷놀이에서, 두 동이 한데 어울려 가는 말.
뒷-갈망/뒷-감당	
뒷-말/뒷-소리	
들락-거리다/들랑-거리다	
들락-날락/들랑-날랑	
딴-전/딴-청	
땅-콩/호-콩	
땔-감/땔-거리	
-뜨리다/-트리다	깨-, 떨어-, 쏟-.
뜬-것/뜬-귀신	
마룻-줄/용총-줄	돛대에 매어 놓은 줄. '이어줄'은 비표준어임.
마-파람/앞-바람	
만장-판/만장-중(滿場中)	
만큼/만치	
말-동무/말-벗	
매-갈이/매-조미	
매-통/목-매	
먹-새/먹음-새	'먹음-먹이'는 비표준어임.
멀찌감치/멀찌가니/멀찍-이	
멱-통/산-멱/산-멱통	
면-치레/외면-치레	
모-내다/모-심다	모-내기, 모-심기.
모쪼록/아무쪼록	
목판-되/모-되	
목화-씨/면화-씨	
무심-결/무심-중	
물-봉숭아/물-봉선화	
물-부리/빨-부리	
물-심부름/물-시중	
물추리-나무/물추리-막대	
물-타작/진-타작	
민둥-산/벌거숭이-산	
밑-층/아래-층	
바깥-벽/밭-벽	
바른/오른[右]	~손, ~쪽, ~편.
발-모가지/발-목쟁이	'발목'의 비속어임.
버들-강아지/버들-개지	
벌레/버러지	'벌거지, 벌러지'는 비표준어임.

번덕-스럽다/번덕-맞다	
보-조개/볼-우물	
보통-내기/여간-내기/예사-내기	'행-내기'는 비표준어임.
볼-따구니/볼-퉁이/볼-때기	'볼'의 비속어임.
부침개-질/부침-질/지짐-질	'부치개-질'은 비표준어임.
불똥-앉다/등화-지다/등화-앉다	
불-사르다/사르다	
비발/비용(費用)	
뾰두라지/뾰루지	
살-쾡이/삵	삵-피.
삽살-개/삽사리	
상두-꾼/상여-꾼	'상도-꾼, 향도-꾼'은 비표준어임.
상-씨름/소-걸이	
생/새앙/생강	
생-뿔/새앙-뿔/생강-뿔	'쇠뿔'의 형용.
생-철/양-철	1. '서양철'은 비표준어임. 2. '生鐵'은 '무쇠'임.
서럽다/섧다	'설다'는 비표준어임.
서방-질/화냥-질	
성글다/성기다	
-(으)세요/-(으)셔요	
송이/송이-버섯	
수수-깡/수숫-대	
술-안주/안주	
-스레하다/-스름하다	거무-, 발그-.
시늉-말/흉내-말	
시새/세사(細沙)	
신/신발	
신주-보/독보(櫝褓)	
심술-꾸러기/심술-쟁이	
씁쓰레-하다/씁쓰름-하다	
아귀-세다/아귀-차다	
아래-위/위-아래	
아무튼/어떻든/어쨌든/하여튼/여하튼	
앉음-새/앉음-앉음	
알은-척/알은-체	
애-갈이/애벌-갈이	
애꾸눈-이/외눈-박이	'외대-박이, 외눈-퉁이'는 비표준어임.
양념-감/양념-거리	
어금버금-하다/어금지금-하다	
어기여차/어여차	

어림-잡다/어림-치다	
어이-없다/어처구니-없다	
어저께/어제	
언덕-바지/언덕-배기	
얼렁-뚱땅/엄벙-뗑	
여왕-벌/장수-벌	
여쭈다/여쭙다	
여태/입때	'여직'은 비표준어임.
여태-껏/이제-껏/입때-껏	'여직-껏'은 비표준어임.
역성-들다/역성-하다	'편역-들다'는 비표준어임.
연-달다/잇-달다	
엿-가락/엿-가래	
엿-기름/엿-길금	
엿-반대기/엿-자박	
오사리-잡놈/오색-잡놈	'오합-잡놈'은 비표준어임.
옥수수/강냉이	~떡, ~묵, ~밥, ~튀김.
왕골-기직/왕골-자리	
외겹-실/외올-실/홑-실	'홑겹-실, 올-실'은 비표준어임.
외손-잡이/한손-잡이	
욕심-꾸러기/욕심-쟁이	
우레/천둥	우렛-소리/천둥-소리.
우지/울-보	
을러-대다/을러-메다	
의심-스럽다/의심-쩍다	
-이에요/-이어요	
이틀-거리/당-고금	학질의 일종임.
일일-이/하나-하나	
일찌감치/일찌거니	
입찬-말/입찬-소리	
자리-옷/잠-옷	
자물-쇠/자물-통	
장가-가다/장가-들다	'서방-가다'는 비표준어임.
재롱-떨다/재롱-부리다	
제-가끔/제-각기	
좀-처럼/좀-체	'좀-체로, 좀-해선, 좀-해'는 비표준어임.
줄-꾼/줄-잡이	
중신/중매	
짚-단/짚-뭇	
쪽/편	오른~, 왼~.
차차/차츰	
책-씻이/책-거리	

척/체	모르는 ~, 잘난 ~ .
천연덕-스럽다/천연-스럽다	
철-따구니/철-딱서니/철-딱지	'철-때기'는 비표준어임.
추어-올리다/추어-주다	'추켜-올리다'는 비표준어임.
축-가다/축-나다	
침-놓다/침-주다	
통-꼭지/통-젖	통에 붙은 손잡이.
파자-쟁이/해자-쟁이	점치는 이.
편지-투/편지-틀	
한턱-내다/한턱-하다	
해웃-값/해웃-돈	'해우-차'는 비표준어임.
혼자-되다/홀로-되다	
흠-가다/흠-나다/흠-지다	

제5장 띄어쓰기

제1절 조사

제41항 조사는 그 앞말에 붙여 쓴다.

꽃**이** 꽃**마저** 꽃**밖에** 꽃**에서부터** 꽃**으로만**
꽃**이나마** 꽃**이다** 꽃**입니다** 꽃**처럼** 어디**까지나**
거기**도** 멀리**는** 웃고**만**

제2절 의존 명사, 단위를 나타내는 명사 및 열거하는 말 등

제42항 의존 명사는 띄어 쓴다.

아는 **것**이 힘이다. 나도 할 **수** 있다.
먹을 **만큼** 먹어라. 아는 **이**를 만났다.
네가 뜻한 **바**를 알겠다. 그가 떠난 **지**가 오래다.

제43항 단위를 나타내는 명사는 띄어 쓴다.

한 **개** 차 한 **대** 금 서 **돈** 소 한 **마리**
옷 한 **벌** 열 **살** 조기 한 **손** 연필 한 **자루**
버선 한 **죽** 집 한 **채** 신 두 **켤레** 북어 한 **쾌**

다만, 순서를 나타내는 경우나 숫자와 어울리어 쓰이는 경우에는 붙여 쓸 수 있다.

두**시** 삼십**분** 오**초** 제일**과** 삼**학년**
육**층** 1446**년** 10**월** 9**일** 2**대대**
16**동** 502**호** 제1**실습실** 80**원**
10**개** 7**미터**

제44항 수를 적을 적에는 '만(萬)' 단위로 띄어 쓴다.

십이억 삼천사백오십육만 칠천팔백구십팔
12억 3456만 7898

제45항 두 말을 이어 주거나 열거할 적에 쓰이는 다음의 말들은 띄어 쓴다.

국장 **겸** 과장 열 **내지** 스물 청군 **대** 백군
책상, 걸상 **등**이 있다 이사장 **및** 이사들 사과, 배, 귤 **등등**
사과, 배 **등속** 부산, 광주 **등지**

제46항 단음절로 된 단어가 연이어 나타날 적에는 붙여 쓸 수 있다.

좀더 큰것 이말 저말 한잎 두잎

제3절 보조 용언

제47항 보조 용언은 띄어 씀을 원칙으로 하되, 경우에 따라 붙여 씀도 허용한다.(ㄱ을 원칙으로 하고, ㄴ을 허용함.)

ㄱ	ㄴ
불이 꺼져 **간다**.	불이 꺼져**간다**.
내 힘으로 막아 **낸다**.	내 힘으로 막아**낸다**.
어머니를 도와 **드린다**.	어머니를 도와**드린다**.
그릇을 깨뜨려 **버렸다**.	그릇을 깨뜨려**버렸다**.
비가 올 **듯하다**.	비가 올**듯하다**.
그 일은 할 **만하다**.	그 일은 할**만하다**.
일이 될 **법하다**.	일이 될**법하다**.
비가 올 **성싶다**.	비가 올**성싶다**.
잘 아는 **척한다**.	잘 아는**척한다**.

다만, 앞말에 조사가 붙거나 앞말이 합성 용언인 경우, 그리고 중간에 조사가 들어갈 적에는 그 뒤에 오는 보조 용언은 띄어 쓴다.

잘도 놀아만 **나는구나!** 　　책을 읽어도 **보고**…….
네가 덤벼들어 **보아라**. 　　이런 기회는 다시없을 **듯하다**.
그가 올 듯도 **하다**. 　　잘난 체를 **한다**.

제4절 고유 명사 및 전문 용어

제48항 성과 이름, 성과 호 등은 붙여 쓰고, 이에 덧붙는 호칭어, 관직명 등은 띄어 쓴다.

김양수(金良洙) 　　서화담(徐花潭) 　　채영신 씨
최치원 선생 　　박동식 박사 　　충무공 이순신 장군

다만, 성과 이름, 성과 호를 분명히 구분할 필요가 있을 경우에는 띄어 쓸 수 있다.

남궁억/남궁 억 　　독고준/독고 준
황보지봉(皇甫芝峰)/황보 지봉

제49항 성명 이외의 고유 명사는 단어별로 띄어 씀을 원칙으로 하되, 단위별로 띄어 쓸 수 있다.(ㄱ을 원칙으로 하고, ㄴ을 허용함.)

ㄱ	ㄴ
대한 중학교	대한중학교
한국 대학교 사범 대학	한국대학교 사범대학

제50항 전문 용어는 단어별로 띄어 씀을 원칙으로 하되, 붙여 쓸 수 있다.(ㄱ을 원칙으로 하고, ㄴ을 허용함.)

ㄱ	ㄴ
만성 골수성 백혈병	만성골수성백혈병
중거리 탄도 유도탄	중거리탄도유도탄

성경과 맞춤법

초판 1쇄 발행 2025. 2. 19.

지은이 강승남
펴낸이 김병호
펴낸곳 주식회사 바른북스

편집진행 황금주
디자인 양헌경

등록 2019년 4월 3일 제2019-000040호
주소 서울시 성동구 연무장5길 9-16, 301호 (성수동2가, 블루스톤타워)
대표전화 070-7857-9719 | **경영지원** 02-3409-9719 | **팩스** 070-7610-9820

•바른북스는 여러분의 다양한 아이디어와 원고 투고를 설레는 마음으로 기다리고 있습니다.

이메일 barunbooks21@naver.com | **원고투고** barunbooks21@naver.com
홈페이지 www.barunbooks.com | **공식 블로그** blog.naver.com/barunbooks7
공식 포스트 post.naver.com/barunbooks7 | **페이스북** facebook.com/barunbooks7

ISBN 979-11-7263-966-2 03230